BestMasters

Mit **„BestMasters“** zeichnet Springer die besten Masterarbeiten aus, die an renommierten Hochschulen in Deutschland, Österreich und der Schweiz entstanden sind. Die mit Höchstnote ausgezeichneten Arbeiten wurden durch Gutachter zur Veröffentlichung empfohlen und behandeln aktuelle Themen aus unterschiedlichen Fachgebieten der Naturwissenschaften, Psychologie, Sozialwissenschaften, Technik und Wirtschaftswissenschaften. Die Reihe wendet sich an Praktiker und Wissenschaftler gleichermaßen und soll insbesondere auch Nachwuchswissenschaftlern Orientierung geben.

Springer awards **“BestMasters”** to the best master’s theses which have been completed at renowned Universities in Germany, Austria, and Switzerland. The studies received highest marks and were recommended for publication by supervisors. They address current issues from various fields of research in natural sciences, psychology, social sciences, technology, and economics. The series addresses practitioners as well as scientists and, in particular, offers guidance for early stage researchers.

Aylin Christin Misral

Der Zusammenhang zwischen dem Aufwachsen mit Hund und emotionaler Instabilität im Erwachsenenalter

Springer

Aylin Christin Misral
SRH University Heidelberg
Heidelberg, Deutschland

ISSN 2625-3577 ISSN 2625-3615 (electronic)
BestMasters
ISBN 978-3-658-50935-4 ISBN 978-3-658-50936-1 (eBook)
https://doi.org/10.1007/978-3-658-50936-1

Die Deutsche Nationalbibliothek verzeichnet diese Publikation in der Deutschen Nationalbibliografie; detaillierte bibliografische Daten sind im Internet über https://portal.dnb.de abrufbar.

Planung/Lektorat: Marija Mann
Springer ist ein Imprint der eingetragenen Gesellschaft Springer Fachmedien Wiesbaden GmbH und ist ein Teil von Springer Nature.
Die Anschrift der Gesellschaft ist: Abraham-Lincoln-Str. 46, 65189 Wiesbaden, Germany

Vorwort

Das vorliegende Buch ist eine leicht angepasste Fassung meiner Masterthesis im Studiengang Psychologie (M. Sc.) an der APOLLON Hochschule der Gesundheitswirtschaft. Im Zentrum steht die Frage, welchen Zusammenhang das Aufwachsen mit einem Hund im mittleren Kindesalter mit der emotionalen Stabilität im Erwachsenenalter haben kann.

Für viele Kinder ist ein Hund mehr als nur ein Haustier: Er ist Spielkamerad, Kuschelpartner, Trostspender oder ein wichtiger Teil des familiären Alltags. Als angehende Psychologin und Hundebesitzerin hat mich schon lange beschäftigt, wie sich solche frühen Bindungserfahrungen zu Tieren auf unsere Persönlichkeit und unser Erleben von Nähe, Sicherheit und emotionaler Belastbarkeit auswirken. Mit dieser Arbeit wollte ich einen Beitrag dazu leisten, diese Zusammenhänge wissenschaftlich genauer zu beleuchten und damit eine Brücke zwischen Entwicklungspsychologie, klinischer Psychologie und der Forschung zur Mensch-Tier-Beziehung schlagen.

Die Ergebnisse dieser Studie sollen nicht nur die wissenschaftliche Diskussion bereichern, sondern auch Impulse für die Praxis geben: für Prävention und Beratung, für den Einsatz tiergestützter Angebote sowie ganz allgemein für Familien, die mit einem Hund zusammenleben oder dies planen.

Begleitet wurde ich bei dieser Arbeit von Frau Dr. Nicole Gruber und Frau Dr. Swaantje Barth, denen ich für ihre fachliche Unterstützung, ihre offenen Rückmeldungen und die wertschätzende Kommunikation sehr herzlich danken möchte. Ganz besonders danke ich meiner Erstbetreuerin Frau Dr. Gruber, die mich während des gesamten Prozesses ermutigt und die Publikation dieser Arbeit in der Reihe „BestMasters" bei Springer angeregt hat. Mein Dank gilt außerdem allen

Teilnehmerinnen und Teilnehmern der Studie sowie meiner Familie, meinem Partner und meinen Freundinnen und Freunden, die mich in dieser Zeit mit Geduld, Interesse und Zuspruch unterstützt haben.

Aylin Christin Misral

Inhaltsverzeichnis

Abkürzungsverzeichnis

BDP	Berufsverband Deutscher Psychologinnen und Psychologen
DGPS	Deutsche Gesellschaft für Psychologie
DIP	Disconnected and extremely Insensitive Parenting
DSGVO	Datenschutz-Grundverordnung
E-N-Modell	Extraversion-Neurotizismus-Modell
FKS	Familienklimaskala
IVH	Industrieverband Heimtierbedarf
MDORS	Monash Dog Owner Relationship Scale
NEO-FFI	NEO-Fünf-Faktoren-Inventar
SPSS	Statistical Package for the Social Sciences
WMA	World Medical Association
ZZF	Zentralverband Zoologischer Fachbetriebe

Abbildungsverzeichnis

Tabellenverzeichnis

1 Einleitung

Für viele Menschen sind Hunde weit mehr als nur Haustiere: Sie sind treue Begleiter, echte Freunde und werden häufig als vollwertige Familienmitglieder empfunden (Burzan & Hitzler, 2017, S. 20; Ebert, 2021, S. 3).

Im Jahr 2024 wurden laut einer Studie des Zentralverbands Zoologischer Fachbetriebe Deutschlands e. V. (ZZF) und des Industrieverbands Heimtierbedarf e. V. (IVH) knapp 10,5 Millionen Hunde in deutschen Wohnhaushalten mit insgesamt stabiler bis leicht steigender Tendenz gezählt (ZZF & IVH, 2025, o.S.). Damit lebt in etwa jede achte Person in Deutschland in einem Haushalt mit Hund.

Doch was bedeutet das Aufwachsen mit einem Hund für die emotionale Entwicklung eines Kindes, besonders mit Blick auf das spätere Erwachsenenleben? Studien zeigen, dass Hunde emotionale Prozesse von Menschen zum Beispiel durch ihre Wirkung auf Empathie, Stressregulation oder das Gefühl von sozialer Unterstützung positiv beeinflussen können (Ebert, 2021, S. 115; Szánthó et al., 2017, S. 1).

Gleichzeitig sind insbesondere Kinder gefährdet, wenn es um Beziehungen mit Hunden geht: Sie tragen ein erhöhtes Risiko für Hundebisse, Krankheitsübertragungen oder erleben die Verlusterfahrung eines Tieres besonders intensiv (Compitus, 2023, S. 54; Giraudet et al., 2022, S. 1).

Das mittlere Kindesalter, etwa im Alter zwischen sechs bis zwölf Jahren, ist eine besonders prägende Phase der sozial-emotionalen Entwicklung. In dieser haben Umweltbedingungen einen verstärkten Einfluss auf Prozesse wie Emotionsregulation oder das Ausüben sozialer Kompetenzen (Collins, 1984, o.S.; Jenni, 2021, S. 293 und 337). In dieser Zeit beginnen Kinder sich bewusster mit ihren Gefühlen auseinanderzusetzen und Bindungserfahrungen zu machen, die oft bis ins Erwachsenenalter nachwirken (Lohaus & Vierhaus, 2019, S. 241).

A. C. Misral, *Der Zusammenhang zwischen dem Aufwachsen mit Hund und emotionaler Instabilität im Erwachsenenalter*, BestMasters,
https://doi.org/10.1007/978-3-658-50936-1_1

Unter anderem die Studie von Compitus (2023) zeigt, dass auch Tiere ein Teil solcher Umwelt- beziehungsweise Bindungserfahrungen sein können: Sie spenden Trost, schaffen Sicherheit und fördern das Gefühl, gebraucht zu werden (Compitus, 2023, S. 23). Somit fließen Erfahrungen aus dieser Lebensphase oft unbemerkt in unsere weitere Entwicklung ein und legen Grundlagen für spätere Charakterzüge.

Die Persönlichkeit eines Menschen entwickelt sich dabei über viele Jahre hinweg und wird durch Genetik und Umweltbedingungen geformt (Asendorpf, 2018, S. 260). Ist eine Person in ihrer Persönlichkeit emotional stabiler, im Sinne einer niedrigen Ausprägung des Persönlichkeitsmerkmals Neurotizismus, gilt das als Schutzfaktor für psychische Gesundheit im Erwachsenenalter (Asendorpf, 2018, S. 301; Walz, 2016, S. 11; Wrzus, 2022, S. 35). Zum Beispiel wurde in einer breit angelegten Längsschnittstudie gezeigt, dass Menschen mit hoher emotionaler Stabilität seltener unter Depressionen oder starker Stressanfälligkeit litten (Walz, 2016, S. 11).

1.1 Problemstellung

Obwohl die Bedeutung von Tieren, insbesondere Hunden, für das emotionale Erleben von Kindern in der Literatur mehrfach beschrieben wird, ist bislang unklar, ob diese Bindungserfahrungen auch langfristige Auswirkungen auf die Persönlichkeitsentwicklung haben. Der überwiegende Teil der bisherigen Forschung konzentriert sich auf kurzfristige Effekte wie die Reduktion von Stress, die Förderung sozialer Unterstützung oder die Stärkung des Selbstwertgefühls (z. B. Allen et al., 2002, S. 727; McConnell et al., 2011, S. 1239; Nagasawa et al., 2015, S. 333). Weniger beachtet wurde hingegen die Frage, ob und in welchem Ausmaß das Aufwachsen mit einem Hund über die Kindheit hinaus zu stabileren emotionalen Strukturen im Erwachsenenalter beiträgt.

Besonders im Hinblick auf das Persönlichkeitsmerkmal Neurotizismus, das mit einer erhöhten Anfälligkeit für psychische Belastungen assoziiert ist, besteht hier eine Forschungslücke. Wenn sich zeigen ließe, dass kindliche Mensch-Hund-Beziehungen mit einer geringeren emotionalen Instabilität einhergehen, hätte dies nicht nur theoretische Bedeutung für die Entwicklungspsychologie, sondern auch praktische Relevanz für Präventions- und Interventionsansätze. Die Untersuchung dieser Zusammenhänge kann somit einen Beitrag leisten, die Rolle tiergestützter Bindungen für die psychische Gesundheit über die Lebensspanne hinweg besser zu verstehen und einzuordnen.

1.2 Zielsetzung und Forschungsfrage

Besonders relevant erscheint in diesem Zusammenhang die Frage, ob das Aufwachsen mit einem Hund im Kindesalter einen schützenden Einfluss auf die Entwicklung emotionaler Stabilität im Erwachsenenleben haben kann. Dabei geht es nicht nur um die bloße Anwesenheit des Hundes, sondern auch um die subjektiv erlebte Qualität der Mensch-Tier-Beziehung und ihre Einbettung in das familiäre System.

Ziel der vorliegenden Masterthesis ist es entsprechend, den möglichen Zusammenhang zwischen Kind-Hund-Beziehungen und emotionaler Stabilität im Erwachsenenalter empirisch zu untersuchen. Ein besonderes Augenmerk gilt dabei den moderierenden Einflüssen familiärer Stabilität sowie der wahrgenommenen Beziehungsqualität zum Tier.

Vor diesem Hintergrund geht die vorliegende Masterthesis folgender Forschungsfrage nach: *Hängt das Aufwachsen mit einem Hund im mittleren Kindesalter mit emotionaler Instabilität im Erwachsenenalter zusammen und moderieren die Qualität der Mensch-Hund-Beziehung sowie die familiäre Stabilität in der Kindheit diesen Zusammenhang?*

1.3 Aufbau der Arbeit

Die Arbeit gliedert sich in sechs Kapitel. Nach der Einleitung mit Zielsetzung und Forschungsfrage folgt im zweiten Kapitel der theoretische Hintergrund. Dort werden zunächst die Bindungstheorie und die Mensch-Hund-Beziehung vorgestellt, anschließend das Persönlichkeitsmerkmal Neurotizismus und schließlich die Bedeutung familiärer Stabilität für die emotionale Entwicklung. Daraus ergibt sich die Forschungslücke, die in Hypothesen überführt wird.

Kapitel 3 beschreibt die Methodik. Neben dem Forschungsdesign werden die quantitative und qualitative Datenerhebung sowie Auswertungsverfahren erläutert. Auch ethische Aspekte werden hier berücksichtigt.

Die Ergebnisse werden in Kapitel 4 dargestellt: Zuerst die quantitativen Befunde, dann die qualitativen Analysen, gefolgt von einer integrativen Betrachtung beider Datenquellen.

Kapitel 5 enthält die Diskussion der Ergebnisse. Diese werden interpretiert, in den Forschungskontext eingeordnet und im Hinblick auf Limitationen und praktische Implikationen reflektiert. Abschließend wird ein Ausblick gegeben.

Kapitel 6 umfasst das Fazit. Es fasst die wichtigsten Erkenntnisse der Arbeit zusammen, beantwortet die Forschungsfrage und stellt diese in einen übergeordneten Zusammenhang. Darüber hinaus werden abschließende Gedanken formuliert, welche die Relevanz der Ergebnisse hervorheben und Anknüpfungspunkte für weiterführende Forschung aufzeigen.

2 Theoretischer Hintergrund

Kinder wachsen in sehr unterschiedlichen sozialen Kontexten auf: Familie, Schule, Gleichaltrige, aber auch Tiere können prägende Beziehungspartner darstellen (Siegler et al., 2021, S. 21; Zilcha-Mano et al., 2011, S. 354). Um diesen Zusammenhang besser zu verstehen, werden im folgenden Kapitel drei theoretische Perspektiven zusammengeführt: die Bindungstheorie, das Persönlichkeitsmerkmal Neurotizismus sowie die Bedeutung familiärer Stabilität.

Ausgangspunkt bildet die klassische Bindungstheorie nach Bowlby (1958) und Ainsworth (1979), deren Konzepte nicht nur für zwischenmenschliche Beziehungen relevant sind, sondern zunehmend auch auf Mensch-Tier-Beziehungen, insbesondere zwischen Kind und Hund, übertragen werden (zitiert nach Eppel, 2023, S. 20; Nockemann, 2024, S. 80).

Darauf aufbauend wird das Persönlichkeitsmerkmal Neurotizismus als eine Disposition emotionaler Reaktivität und Stabilität vorgestellt. Anschließend wird der Einfluss familiärer Stabilität auf kindliche Entwicklungsprozesse beleuchtet, sowohl als schützender Kontext als auch als potenzieller Moderator für die Wirksamkeit bindungsrelevanter Erfahrungen mit einem Hund. Gemeinsam bilden diese theoretischen Ansätze das Fundament für die Hypothesenbildung und die theoriegeleitete Interpretation der empirischen Befunde.

A. C. Misral, *Der Zusammenhang zwischen dem Aufwachsen mit Hund und emotionaler Instabilität im Erwachsenenalter*, BestMasters,
https://doi.org/10.1007/978-3-658-50936-1_2

2.1 Bindungstheorie und Mensch-Hund-Beziehung

Viele Hunde leben eng mit Menschen im Haus oder unmittelbarer Nähe zusammen. Sie tragen einen individuellen Namen, bekommen Kosenamen, schlafen auf dem Sofa oder im Bett und werden nicht selten als vollwertige Familienmitglieder wahrgenommen (Jackman & Rowan, 2007, S. 57). Die Beziehung zu ihnen ist oft sehr persönlich, emotional und von echter Fürsorge geprägt (Burzan & Hitzler, 2017, S. 20).

Im Rahmen dieser Arbeit wird je nach inhaltlichem Zusammenhang zwischen den Begriffen „Mensch-Hund-Beziehung“ bzw. „-Bindung“ und „Kind-Hund-Beziehung“ bzw. „-Bindung“ differenziert. Die Bezeichnung „Mensch-Hund-Beziehung“ oder „-Bindung“ wird überwiegend dann verwendet, wenn sich theoretische oder empirische Ausführungen nicht spezifisch auf das Kindesalter beziehen. Von einer „Kind-Hund-Beziehung“ bzw. „-Bindung“ ist hingegen immer dann die Rede, wenn der Fokus explizit auf Erfahrungen im mittleren Kindesalter liegt.

Bindung bezeichnet dabei ein emotionales Band, das ein Kind zu einer vertrauten Bezugsperson aufbaut. Dieses Band ist durch eine dauerhafte affektive Verbundenheit gekennzeichnet (Löffler-Stastka et al., 2014, S. 68 f.). Es dient der Sicherung von Nähe, Schutz und emotionaler Regulation. Die Bindungstheorie beschreibt diese Prozesse als grundlegende Mechanismen der kindlichen psychischen Entwicklung und als Basis späterer Beziehungsgestaltung (Löffler-Stastka et al., 2014, S. 68 f.). Beziehung wird in diesem Kontext als übergeordnetes Konzept verstanden, das sich auf die Art und Weise bezieht, wie wir uns symbolisch und emotional auf andere Menschen einstellen und beziehen (Löffler-Stastka et al., 2014, S. 68 f.).

2.1.1 Grundlagen der Bindungstheorie

Die Grundlagen der Bindungstheorie wurden in entscheidender Weise durch die Arbeiten des britischen Psychoanalytikers und Psychiaters John Bowlby (1958) gelegt (zitiert nach Eppel, 2023, S. 20). Bowlby (1958) gilt als wesentliche Figur in der Entwicklung eines theoretischen Rahmens, der die Bedeutung früher emotionaler Beziehungen für die psychische Entwicklung des Menschen systematisch beschrieb. Eine ebenso prägende Rolle in der Weiterentwicklung und empirischen Fundierung dieser Theorie nahm die kanadisch-amerikanische Psychologin Mary

Tabelle 2.1 Die wichtigsten Bindungskonzepte. (Eigene Darstellung in Anlehnung an Eppel, 2023, S. 22)

Bindungskonzept	Beschreibung
Suchen von Nähe („proximity seeking“)	Damit ist das genetische Programm gemeint, welches Kinder dazu veranlasst, Nähe zu Bezugspersonen zu suchen.
Angst vor Trennung („separation anxiety“)	Meint das Gefühl von Not, welches ein Kind empfindet, wenn es von der Bezugsperson getrennt ist. Dies zeigt sich oftmals durch Angst, Unruhe oder Weinen.
Sichere Basis („safe base“)	Beschreibt das Gefühl, bei einer vertrauten Bezugsperson sicher und geborgen zu sein, sodass man sich traut, loszulassen und die Welt neugierig zu entdecken.
Sicherer Hafen („safe haven“)	Der „sichere Hafen“ beschreibt die Funktion der Bezugsperson, dem Kind in Momenten von Stress oder Unsicherheit Schutz und Trost zu bieten, beispielsweise bei Trennung, Angst, Schmerz oder Erschöpfung.
Primäre Bezugsperson („primary attachment figure“)	Die primäre Bezugsperson ist diejenige, die am häufigsten und regelmäßigsten mit dem Kind in Kontakt ist.
Innere Arbeitsmodelle („internal working models“)	Innere Arbeitsmodelle sind innere Bilder, die wir von uns selbst und anderen basierend auf unseren frühen Bindungserfahrungen entwickeln. Sie beeinflussen, wie wir Beziehungen wahrnehmen, erwarten und gestalten.

D. S. Ainsworth (1979) ein. Ihre differenzierten Beobachtungsstudien erweiterten das theoretische Fundament Bowlbys (1985, zitiert nach Nockemann, 2024, S. 80).

Das Bindungssystem selbst kann als ein grundlegendes, im Menschen angelegtes emotionales Steuerungssystem verstanden werden, das auf zwei miteinander verflochtenen Ebenen wirksam ist. Auf der verhaltensbezogenen Ebene äußert es sich in konkreten Handlungen zum Beispiel, wenn ein Kind aktiv die Nähe einer Bezugsperson sucht, sich an dieser festhält oder weint, sobald es sich allein gelassen oder bedroht fühlt (Eppel, 2023, S. 22). Parallel dazu existiert eine emotionale bzw. innere Ebene, auf der Bindung über subjektive Gefühlszustände erlebt wird. Dazu zählen Empfindungen wie Angst, das Bedürfnis nach Trost oder das Gefühl innerer Geborgenheit und Sicherheit. Beide Ebenen greifen ineinander und bilden gemeinsam ein adaptives System, das den Menschen von Geburt an befähigt, Beziehungen aufzubauen und aufrechtzuerhalten (Eppel, 2023, S. 22). Die wichtigsten Bindungskonzepte sind in Tabelle 2.1 dargestellt.

Diese Konzepte bilden den theoretischen Rahmen, um Bindungsverhalten nicht nur in der Eltern-Kind-Beziehung, sondern auch in potenziellen Bindungsbeziehungen zu Tieren wie Hunden, zu analysieren.

2.1.2 Übertragung der Bindungstheorie auf die Mensch-Hund-Beziehung

Die grundlegenden Konzepte der Bindungstheorie lassen sich, zumindest teilweise, auf die Beziehung zwischen Mensch und Hund übertragen. Empirische Untersuchungen wie jene von Zilcha-Mano et al. (2011) belegen, dass Menschen zu ihren Haustieren, insbesondere zu Hunden, emotionale Bindungen entwickeln können, die in ihrer psychologischen Struktur den zwischenmenschlichen Bindungsbeziehungen stark ähneln (Zilcha-Mano et al., 2011, S. 355 f.).

Auch auf Seiten der Hunde lassen sich Verhaltensmuster beobachten, die mit dem Bindungssystem vereinbar sind. Dazu zählt beispielsweise das aktive Aufsuchen der vertrauten Bezugsperson in Situationen von Unsicherheit oder die Ausprägung stressbezogener Reaktionen bei einer Trennung (Rehn et al., 2017, S. 1).

Diese Parallelen werden zusätzlich durch neurowissenschaftliche Erkenntnisse untermauert. In einer kombinierten fMRT-, Eye-Tracking- und Verhaltensstudie zeigten Hunde beim Anblick ihrer Bezugsperson Aktivierungen in Gehirnarealen, die beim Menschen mit emotionalen Prozessen und Bindung assoziiert sind und zwar unabhängig davon, welchen Gesichtsausdruck die Bezugsperson darstellte. Im Gegensatz dazu lösten fremde oder lediglich bekannte Personen deutlich schwächere neuronale und verhaltensbezogene Reaktionen aus (Karl et al., 2020, S. 1). Diese Befunde sprechen dafür, dass das Bindungssystem von Hunden in seiner funktionalen Organisation dem des Menschen in einigen Aspekten ähnelt (Karl et al., 2020, S. 1).

Die unter 2.1.1 Grundlagen der Bindungstheorie beschriebenen Konzepte könnten sich wie folgt auf die Mensch-Hund-Beziehung übertragen: Das Suchen von Nähe (proximity seeking) äußert sich bei Hunden möglicherweise etwa darin, dass sie ihrer Bezugsperson folgen, Körperkontakt suchen oder ungern allein bleiben. Umgekehrt empfinden vermutlich auch viele Menschen, besonders in belastenden Situationen, ein starkes Bedürfnis nach Nähe zum Tier. Trennungsangst (separation anxiety) könnte sich bei Hunden in Form von Unruhe oder Stressverhalten zeigen, sobald sie von ihrer Bezugsperson getrennt sind, ebenso wie bei Menschen, die potenziell unter der Abwesenheit ihres Tieres leiden. Die Funktion einer sicheren Basis (safe base) könnten Hunde übernehmen, indem sie Sicherheit und Stabilität vermitteln, etwa bei Kindern in neuen oder herausfordernden Situationen. Gleichzeitig bieten sie als potenzieller sicherer Hafen (safe haven) emotionale Unterstützung, Trost und Rückhalt in Momenten von Unsicherheit oder Kummer. In wahrscheinlich vielen Fällen wird der Mensch zur primären Bezugsperson (primary attachment figure), an der sich der Hund emotional orientiert. Innere Arbeitsmodelle (internal working models) könnten sich in dieser Beziehung besonders im Kindesalter ausbilden, indem positive Bindungserfahrungen mit dem Tier das Vertrauen in soziale Beziehungen langfristig stärken.

Analog zur Mensch-Mensch-Bindung kann auch die Mensch-Hund-Beziehung qualitativ unterschiedlich ausgeprägt sein: So weisen Zilcha-Mano et al. (2011) darauf hin, dass eine sichere, vertrauensvolle Bindung zum Tier mit psychologischen Vorteilen einhergeht, während vermeidende oder ambivalente Haltungen auch mit Konflikterleben und Unsicherheit verbunden sein können (Zilcha-Mano et al., 2011, S. 355). Die unterschiedlichen Merkmale der Bindungstypen werden in Tabelle 2.2 zusammenfassend dargestellt.

Tabelle 2.2 Merkmale von Bindungstypen. (Eigene Darstellung in Anlehnung an Troutman, 2025, S. 8)

Unsicher vermeidender Bindungstyp	Sicherer Bindungstyp	Unsicher ambivalent / resistenter Bindungstyp
Starker Fokus auf Autonomie und Unabhängigkeit; Bindungsverhalten wird häufig unterdrückt oder external nicht sichtbar gezeigt.	Ausgewogenes Verhältnis zwischen dem Bedürfnis nach Nähe und dem Wunsch nach Exploration; das Kind nutzt die Bezugsperson als sichere Basis.	Ausgeprägte Fokussierung auf die Bezugsperson; Beziehung steht im Zentrum des Verhaltens, oft bei gleichzeitiger Unsicherheit über deren Verfügbarkeit.
Emotionale Selbstregulation erfolgt durch die Minimierung sichtbarer Stressreaktionen; äußerlich wirken die Kinder häufig unbeeindruckt.	Stress wird offen kommuniziert, etwa durch Weinen oder Nähe-Suchen; das Verhalten ist kohärent und adaptiv im Hinblick auf Bindungssicherheit.	Stressreaktionen sind verstärkt, inkonsistent oder übersteigert; Kinder zeigen häufig widersprüchliches Verhalten (Nähe suchen und gleichzeitig abstoßen).

Dass zur Bindung zwischen Mensch und Hund Analogien gezogen werden können, ist kein Zufall, sondern das Ergebnis eines jahrtausendelangen gemeinsamen Entwicklungsprozesses: Durch gezielte natürliche und künstliche Selektion wurden Hunde zu dem, was wir heute als den sprichwörtlichen „besten Freund des Menschen“ bezeichnen (Range & Virányi, 2014, S. 1). Dabei wird angenommen, dass sich bei Hunden spezifische Merkmale, wie das Aussehen, ihr Sozialverhalten und ihre kognitiven Fähigkeiten insbesondere durch das Leben mit dem Menschen heraus-gebildet haben (Range & Virányi, 2014, S. 7).

Diese evolutionär gewachsene Nähe schafft eine Grundlage dafür, dass Mensch und Hund echte soziale Beziehungen eingehen können. Möglich wird dies laut Julius et al. (2014), weil beide Spezies trotz biologischer Unterschiede, auf vergleichbaren neurobiologischen und physiologischen Mechanismen sozialer Interaktion beruhen (Julius et al., 2014, S. 48).

2.1.3 Bedeutung der Mensch-Hund-Bindung in der Kindheit

Aus entwicklungspsychologischer Sicht stellt die Kindheit eine besonders sensible und prägende Lebensphase dar, in der grundlegende Bindungsmuster entstehen, die weit-reichende Auswirkungen auf das spätere Beziehungsleben und die emotionale Stabilität einer Person haben können (Lohaus & Vierhaus, 2019, S. 127 ff.; Troutman, 2025, S. 3).

Demografische Untersuchungen zur Hundehaltung unterstreichen die Relevanz einer Fokussierung auf das mittlere Kindesalter: In Haushalten mit Kindern dieser Altersgruppe ist die Wahrscheinlichkeit, einen Hund zu halten, signifikant erhöht (Downes et al., 2009, S. 145; Westgarth et al., 2007, S. 1).

Das mittlere Kindesalter ist durch die zunehmende Fähigkeit gekennzeichnet, stabile, wechselseitige und tragfähige soziale Beziehungen zu anderen Menschen zu gestalten (Jenni, 2021, S. 293 und 337; Lohaus & Vierhaus, 2019, S. 253). Wiederholte positive Beziehungserfahrungen fördern in dieser Zeit das Vertrauen in die eigenen sozialen Fähigkeiten, stärken das Gefühl von Kompetenz und tragen maßgeblich zu einem gesunden Selbstwirksamkeitserleben bei. Umgekehrt können anhaltende Misserfolge im sozialen Bereich das Risiko erhöhen, Gefühle von Unzulänglichkeit oder Minder-wertigkeit zu entwickeln (Siegler et al., 2021, S. 369).

In dieses sensible Entwicklungsfenster kann auch die Bindung zu einem Hund eingebettet sein. Hunde fungieren nicht ausschließlich als Spielgefährten, sondern können auch wichtige emotionale Bezugsfiguren darstellen. Sie bieten Kindern

Zuwendung, Trost und eine verlässliche emotionale Konstante im Alltag (Julius et al., 2014, S. 50). Eine sichere Bindung zu einem Hund kann das Gefühl von Geborgenheit vertiefen und das kindliche Bedürfnis nach emotionaler Sicherheit nachhaltig unterstützen (Julius et al., 2014, S. 195).

Darüber hinaus eröffnet das Zusammenleben mit einem Hund vielfältige Möglichkeiten aktiv Verantwortung zu übernehmen. Tätigkeiten wie das Füttern, Spazierengehen oder die Pflege des Tieres (Giraudet et al., 2022, S. 9 f.) stellen für Kinder nicht nur alltägliche Routinen dar, sondern haben auch entwicklungsfördernden Charakter.

Solche kontinuierlichen Fürsorgehandlungen intensivieren die emotionale Bindung zwischen Kind und Hund und fördern zugleich grundlegende psychosoziale Kompetenzen wie Empathie, Verantwortungsbewusstsein und soziale Sensibilität. Die wiederholte Erfahrung, verlässlich für das Wohlergehen eines anderen Lebewesens zu sorgen, stärkt zudem das Selbstwirksamkeitserleben des Kindes und kann so langfristig zu einer positiven Selbstwahrnehmung beitragen (Giraudet et al., 2022, S. 9 f.).

Befunde deuten zudem darauf hin, dass eine qualitativ hochwertige Kind-Hund-Beziehung mit einer Reihe positiver sozial-emotionaler Eigenschaften verknüpft ist. Dazu zählen nicht nur eine verbesserte Fähigkeit zur Selbstregulation, Empathie oder Sensibilität, sondern auch ausgeprägte prosoziale Tendenzen wie Hilfsbereitschaft und Rücksichtnahme. Diese Merkmale wiederum tragen wesentlich zu einer hohen sozial-emotionalen Kompetenz bei und können so die soziale Entwicklung des Kindes langfristig unterstützen (Giraudet et al., 2022, S. 10 f.).

2.2 Neurotizismus als Persönlichkeitsmerkmal

Bindungserfahrungen legen nicht nur das Fundament für zwischenmenschliche Sicherheit und Vertrauen, sondern beeinflussen zudem die Entwicklung von Persönlichkeit, Selbstwertgefühl und die Fähigkeit zur Emotionsregulation (Siegler et al., 2021, S. 451). In diesem Zusammenhang ist besonders das Persönlichkeitsmerkmal Neurotizismus von Bedeutung (Neyer & Asendorpf, 2024, S. 128). Gerade im Kontext kindlicher Entwicklung stellt sich die Frage, wie sich emotionale Beziehungen, obgleich zu Bezugspersonen oder auch zu Tieren, langfristig auf dieses Persönlichkeitsmerkmal auswirken.

Zur begrifflichen Klarstellung sei angemerkt, dass „emotionale Stabilität“ als eine niedrige, und „emotionale Instabilität“ als eine erhöhte Ausprägung des Persönlichkeitsmerkmals Neurotizismus verstanden wird.

2.2.1 Begriffsbestimmung

Der Begriff Neurotizismus bezeichnet eine der fünf Persönlichkeitsdimensionen im Rahmen des Fünf-Faktoren-Modells der Persönlichkeit. Dieses Modell ist auch als Big Five bekannt (Neyer & Asendorpf, 2024, S. 65). Eine Übersicht des Persönlichkeitsmodells der Big Five ist in Abbildung 2.1 dargestellt.

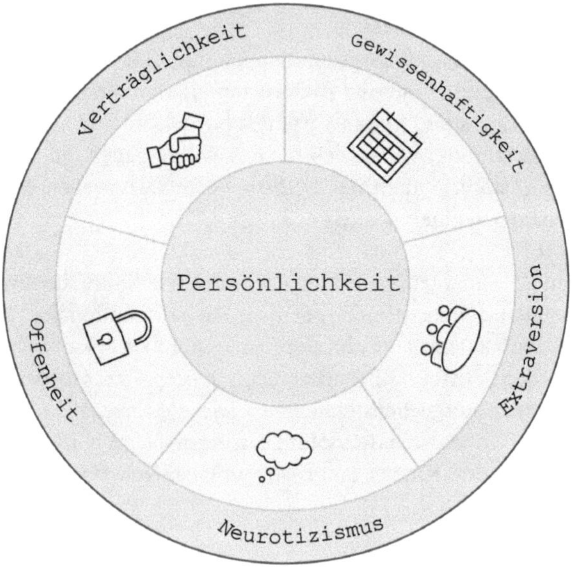

Abbildung 2.1 Das Persönlichkeitsmodell Big Five. (Eigene Darstellung in Anlehnung an Schmidt-Atzert et al., 2021, S. 306)

Die wissenschaftliche Fundierung dieses Modells geht maßgeblich auf die Arbeiten von Eysenck (1953) zurück, der es bereits 1953 sowohl theoretisch als auch empirisch untermauerte (zitiert nach Neyer & Asendorpf, 2024, S. 65). In seinem ursprünglichen E-N-Modell definierte Eysenck (1967) Neurotizismus erstmals als emotionale Instabilität, die sich in erhöhter Reizbarkeit und wechselhaften Stimmungslagen äußert (zitiert nach Neyer & Asendorpf, 2024, S. 65).

Die zugrunde liegende Dimension konnte in zahlreichen empirischen Untersuchungen, insbesondere in Fragebogenstudien, wiederholt und zuverlässig bestätigt werden (Costa & McCrae, 2010, S. 179; Goldberg, 1990, S. 1216; Körner et al., 2008, S. 241). Aufbauend auf dem E-N-Modell sowie Arbeiten von Goldberg (1990) und Norman (1963) identifizierten Costa und McCrae (1992) durch faktorenanalytische Verfahren neben Neurotizismus und Extraversion drei weitere stabile Dimensionen: Verträglichkeit, Gewissenhaftigkeit und Offenheit. Aus der Kombination dieser Dimensionen entstand das heute etablierte Fünf-Faktoren-Modell der Persönlichkeit (zitiert nach Raad & Mlačić, 2015, S. 559).

In der heutigen Persönlichkeitspsychologie gilt Neurotizismus als fester Bestandteil des Fünf-Faktoren-Modells. Dabei wird das Merkmal nicht pathologisierend verstanden, sondern als affektbezogene, relativ stabile Disposition, die beschreibt, wie unterschiedlich Menschen auf emotionaler Ebene erleben und auf Belastungen reagieren (Neyer & Asendorpf, 2024, S. 65).

Menschen mit hoher Ausprägung in diesem Merkmal neigen dazu, alltägliche Herausforderungen als überfordernd wahrzunehmen, reagieren emotional besonders intensiv und sind oft stressanfällig. Eine niedrige Ausprägung hingegen geht mit psychischer Belastbarkeit, innerer Ruhe und einer ausgeprägten Fähigkeit zur Emotionsregulation einher (Neyer & Asendorpf, 2024, S. 168).

Die Emotionsregulation fungiert dabei als Bindeglied zwischen innerem Erleben und äußerem Verhalten: Menschen, die über eine hohe emotionale Stabilität verfügen und ihre Emotionen effektiv regulieren können, steuern ihre Gefühle in der Regel situationsangemessen, beispielsweise durch kognitive Neubewertung oder den Rückgriff auf soziale Unterstützung (Barnow et al., 2024, S. 7 f.). Diese Fähigkeit begünstigt nicht nur einen reflektierten Umgang mit belastenden Emotionen, sondern wirkt zugleich protektiv gegenüber impulsiven Handlungen und chronischem Stress (Barnow et al., 2024, S. 7).

Demgegenüber greifen Personen mit hoher Neurotizismus-Ausprägung häufig auf dysfunktionale Bewältigungsstrategien zurück, etwa Grübeln, Vermeidung oder sozialen Rückzug. Diese Verhaltensweisen können die emotionale Instabilität zusätzlich verstärken und damit einen Teufelskreis negativer Emotionen und maladaptiver Reaktionen in Gang setzen (Barnow et al., 2024, S. 7 f.; Neyer & Asendorpf, 2024, S. 168).

2.2.2 Entwicklungsverlauf von Neurotizismus

Obwohl Persönlichkeitsmerkmale wie Neurotizismus über die Lebensspanne hinweg eine bemerkenswerte Stabilität zeigen, verdeutlichen neuere Forschungsergebnisse, dass insbesondere Kindheit und Jugend eine Phase intensiver Veränderung darstellen (Neyer & Asendorpf, 2024, S. 65; Rauthmann, 2025, S. 45;

Wrzus, 2022, S. 58). In diesen Jahren werden nicht nur erste relativ stabile Selbstkonzepte ausgebildet, sondern auch grundlegende Muster emotionaler Verarbeitung sowie Strategien der Emotionsregulation etabliert. Diese stehen in enger Verbindung mit der späteren Ausprägung des Neurotizismus (Barnow et al., 2024, S. 7; Rauthmann, 2025, 8 f.).

Die Entwicklung von Persönlichkeitsmerkmalen wie dem Neurotizismus beruht auf einem komplexen Zusammenspiel von genetischen Anlagen und Umweltfaktoren. Besonders prägend wirken dabei frühe Bindungserfahrungen, das familiäre Klima und die Qualität sozialer Beziehungen (Asendorpf, 2018, S. 263; Sroufe et al., 2005, S. 244 f.).

Dass die Entstehung von Neurotizismus keineswegs monokausal erklärbar ist, unterstreichen auch aktuelle empirische Befunde. So zeigen Klingenberg et al. (2023), dass die Entstehung von Neurotizismus das Ergebnis eines vielschichtigen Zusammen-spiels zwischen genetischer Veranlagung und prägenden Umwelteinflüssen darstellt (Klingenberg et al., 2023, S. 1).

Ergebnisse dieser Zwillingsstudie zeigen, dass sowohl polygenetische Risikofaktoren als auch negative Kindheitserfahrungen, wie zum Beispiel Mobbing oder eine wenig zugewandte elterliche Bindung, jeweils unabhängig signifikant mit einer erhöhten Ausprägung von Neurotizismus assoziiert waren (Klingenberg et al., 2023, S. 1).

Darüber hinaus belegen Studien wie jene von Zhao et al. (2024), dass insbesondere peerbezogene Viktimisierung im Kindesalter langfristig mit einem Anstieg des Neurotizismus unabhängig von familiärer Viktimisierung einhergeht. Dies deutet darauf hin, dass soziale Unsicherheit und Zurückweisung durch Gleichaltrige auch losgelöst von elterlichen Bindungserfahrungen zur Entwicklung einer emotional vulnerablen Persönlichkeit beitragen können (Zhao et al., 2024, S. 1).

Gleichzeitig kann eine sichere Bindung, zum Beispiel zu Eltern oder anderen konstanten Bezugspersonen, eine schützende Wirkung entfalten, emotionale Sicherheit vermitteln und zugleich als Modell für funktionale Emotionsregulation fungieren. In solchen Kontexten lernen Kinder, Gefühle wie Angst, Ärger oder Unsicherheit nicht zu vermeiden, sondern konstruktiv zu verarbeiten (Lohaus & Vierhaus, 2019, S. 124 f.).

Demgegenüber weisen Kinder mit unsicheren oder ambivalenten Bindungsmustern, zum Beispiel zu ihren Eltern, häufiger dysfunktionale emotionale Reaktionen auf, wie emotionale Überflutung oder Vermeidung. Beide Mechanismen stehen in langfristigem Zusammenhang mit einer erhöhten Neurotizismus-Ausprägung im Erwachsenenalter (Asendorpf, 2018, S. 237 f.; Lohaus & Vierhaus, 2019, S. 129 f.; Neyer & Asendorpf, 2024, S. 168).

Während die Grundlagen für Neurotizismus oftmals bereits in der Kindheit gelegt werden, treten die weitreichenden Folgen dieses Persönlichkeitsmerkmals häufig erst im späteren Lebensverlauf deutlich zutage (Caspi, 2000, S. 158; Jeronimus et al., 2016, S. 2883).

2.2.3 Bedeutung von Neurotizismus im Erwachsenenalter

Ausgeprägter Neurotizismus gilt als einer der am stärksten empirisch belegten Risikofaktoren für die Entstehung affektiver Störungen im Erwachsenenalter (Jeronimus et al., 2016, S. 2883; Walz, 2016, S. 11). In einer umfangreichen Meta-Analyse von Jeronimus et al. (2016), die über 59 Längsschnittstudien mit insgesamt mehr als 440.000 Teilnehmenden auswertete, konnte gezeigt werden, dass erhöhter Neurotizismus über die Zeit hinweg ein stabiler Prädiktor für die Entwicklung von Depressionen, Angststörungen und allgemeiner psychischer Belastung ist und zwar selbst dann, wenn bereits vorhandene Symptome oder psychiatrische Vorerkrankungen statistisch kontrolliert wurden (Jeronimus et al., 2016, S. 2883).

Auch die Auswertungen der Zürcher Kohortenstudie durch Walz (2016) stützen diese Befunde. Die Daten belegen, dass hohe Werte in Neurotizismus signifikant mit einer erhöhten Wahrscheinlichkeit für die Inanspruchnahme psychotherapeutischer Behandlungen zusammenhängen und dies selbst dann, wenn frühere psychische Erkrankungen als Einflussfaktor ausgeschlossen wurden (Walz, 2016, S. 11). Zudem konnte Walz (2016) bestätigen, dass erhöhter Neurotizismus das Risiko für das spätere Auftreten einer Major Depression maßgeblich steigert (Walz, 2016, S. 11).

Auf individueller Ebene bringt ein erhöhter Neurotizismuswert häufig mit sich, dass alltägliche Herausforderungen und zwischenmenschliche Konflikte als überdurchschnittlich bedrohlich erlebt werden (Aldao et al., 2010, S. 218). Betroffene nehmen negative Emotionen wie Traurigkeit, Angst oder Ärger nicht nur intensiver wahr, sondern neigen auch dazu, ihre eigenen Problemlösefähigkeiten als unzureichend einzuschätzen. Dieses mangelnde Vertrauen in die eigene Bewältigungskompetenz kann die emotionale Widerstandskraft zusätzlich schwächen und damit eine Grundlage für die Entstehung psychischer Störungen schaffen (Aldao et al., 2010, S. 218).

Langzeituntersuchungen stützen diesen Zusammenhang weiter. Petersen et al. (2024) zeigen, dass hoher Neurotizismus in Kombination mit starkem subjektivem Stresserleben und einer hohen Anzahl belastender Lebensereignisse einen signifikanten Risikofaktor für die Entwicklung funktioneller somatischer Störungen darstellt. Unter diesen Einflussfaktoren erwies sich insbesondere der subjektiv empfundene Stress als der stärkste Prädiktor (Petersen et al., 2024, S. 1). Eine integrierte Betrachtung der potenziellen Folgen von erhöhten Neurotizismuswerten ist in Abbildung 2.2 einsehbar.

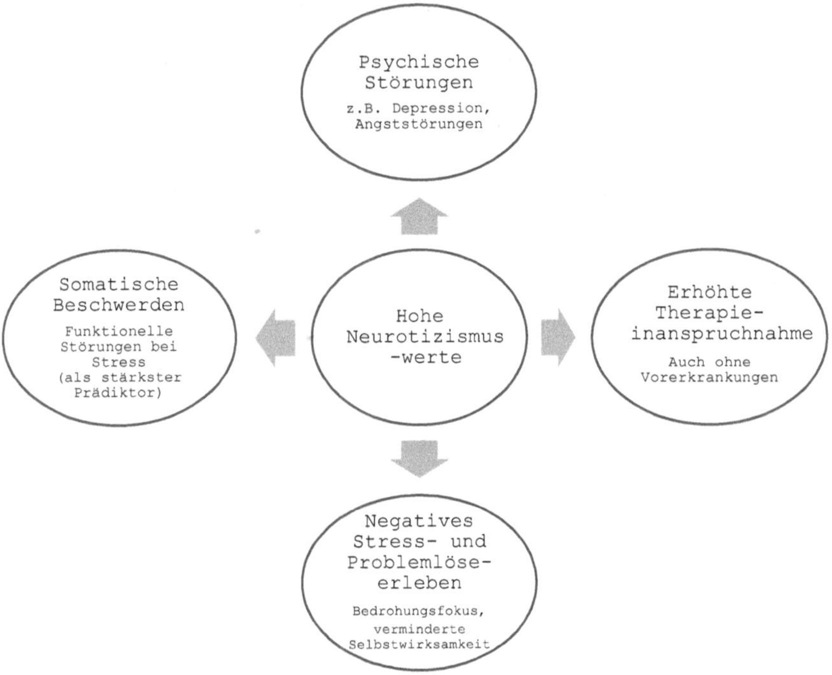

Abbildung 2.2 Folgen von erhöhten Neurotizismuswerten im Erwachsenenalter. (Eigene Darstellung in Anlehnung an Aldao et al., 2010, S. 218; Jeronimus et al., 2016, S. 2883; Petersen et al., 2024, S. 1; Walz, 2016, S. 11)

2.3 Familiäre Stabilität und emotionale Entwicklung

Persönlichkeitsmerkmale wie Neurotizismus entstehen im Zusammenspiel biologischer Dispositionen und sozialer Erfahrungen (Neyer & Asendorpf, 2024, S. 77; Siegler et al., 2021, S. 90). Besonders die Familie als erster sozialer

Bezugsrahmen prägt Entwicklungsprozesse zum Beispiel in der Emotionsregulation, Bindungsfähigkeit und dem Selbstverständnis im sozialen Kontext (Beetz, 2013, S. 144; Bodenmann, 2016, S. 91 f.).

Eine stabile familiäre Umgebung, die durch emotionale Verlässlichkeit und Kontinuität in den Beziehungen geprägt ist, wirkt als Schutzfaktor für die Entwicklung einer sicheren Bindungsorientierung. Hingegen kann Instabilität in den frühen Bindungserfahrungen das Risiko für emotionale Dysregulation und eine erhöhte psychische Vulnerabilität begünstigen (Bengel & Lyssenko, 2012, S. 86). Daher erscheint es lohnenswert, die emotionalen und strukturellen Rahmenbedingungen des familiären Zusammenlebens eingehender zu betrachten.

2.3.1 Bedeutung familiärer Stabilität in der kindlichen Entwicklung

Familien sind komplexe, individuelle Systeme mit eigenen Regeln, Beziehungen und Dynamiken. Kinder erleben ihre Familie unterschiedlich, abhängig von Rollenverteilungen, Erwerbstätigkeit und Beziehungsstrukturen (Reich et al., 2024, S. 317 f.). Für die Entwicklung einer gelingenden Bindung ist weniger eine strenge Hierarchie oder die konsequente Durchsetzung elterlicher Autorität ausschlaggebend, sondern vielmehr elterliche Feinfühligkeit, Akzeptanz, Zugänglichkeit und ein harmonisches Zusammen-spiel in der Beziehung. Kinder sind auf verlässliche Bezugspersonen angewiesen, die ihnen in alltäglichen Interaktionen Sicherheit, Orientierung und soziale Eingebundenheit vermitteln (Nockemann, 2024, S. 197 f.).

Familiäre Stabilität umfasst nicht allein die emotionale Verfügbarkeit dieser Bezugspersonen, sondern auch beständige Alltagsstrukturen, verlässliche Routinen und ein konsistentes Kommunikationsklima (Saunders et al., 2015, S. 1069; Selman & Dilworth-Bart, 2024, S. 272). Die Untersuchung von Saunders et al. (2015) zeigt, dass hohe emotionale Verfügbarkeit mit größerer Bindungssicherheit, besserer Emotionsregulation und erhöhter schulischer Bereitschaft bei Kindern einhergeht (Saunders et al., 2015, S. 1069). Selman und Dilworth-Bart (2024) ergänzen diese Erkenntnisse, indem sie belegen, dass regelmäßige Routinen mit positiven Entwicklungsoutcomes wie kognitiven Fähigkeiten, Selbstregulation, sozial-emotionaler Kompetenz sowie mentaler und physischer Gesundheit verbunden sind. Besonders in belasteten Kontexten wirken solche Routinen als wirksamer Schutzfaktor (Selman & Dilworth-Bart, 2024, S. 272).

Wie bereits im Abschnitt 2.2.2 Entwicklungsverlauf von Neurotizismus erläutert, tragen kindliche Bindungs- und Beziehungserfahrungen maßgeblich zur

Ausbildung emotionaler Stabilität bei (Sroufe et al., 2005, S. 244 f.). Kinder, die in einem emotional unterstützenden sozialen Umfeld aufwachsen, entwickeln in der Regel ein gestärktes Selbstbewusstsein, eine verbesserte Affektregulation und ein ausgeprägtes Gefühl von Selbstwirksamkeit. Dies geschieht vor allem dann, wenn ihre Gefühle anerkannt und in Beziehung zu sozialen Normen gesetzt werden (Kullik, 2012, S. 16 f.).

Familiäre Stabilität wirkt nicht nur als Schutzfaktor in belastenden Lebenssituationen, sondern auch als Entwicklungsressource im Alltag (Lohaus & Vierhaus, 2019, S. 308 f.). Sie fördert das Explorationsverhalten, also die Neugier und Motivation des Kindes, sich mit seiner Umwelt auseinanderzusetzen (Kuhn et al., 2005, S. 22). In einem stabilen Familienumfeld können Kinder zudem konstruktive Konfliktlösungsstrategien beobachten und verinnerlichen (Barthassat, 2014, S. 10). Entscheidend ist dabei nicht das völlige Ausbleiben von Konflikten, sondern deren Qualität und Form. Wie Barthassat (2014) hervorhebt, kommt es weniger auf die Abwesenheit von Konflikten an, sondern vielmehr auf deren Ausprägung entlang eines Kontinuums von destruktiven bis zu konstruktiven Verhaltensweisen (Barthassat, 2014, S. 10).

Werden elterliche Konflikte respektvoll, lösungsorientiert und emotional kontrolliert ausgetragen, können sie, wie auch Hosokawa und Katsura (2017) zeigen, über positive elterliche Erziehungspraktiken zu höheren Werten in Kooperation, Selbstkontrolle und Durchsetzungsfähigkeit beitragen. Dies kann sozial-emotionale Kompetenzen fördern und dysfunktionalen Bewältigungsmustern vorbeugen (Hosokawa & Katsura, 2017, S. 1).

Die Qualität der Eltern-Kind-Beziehung ist dabei ebenso bedeutsam wie die generelle emotionale Atmosphäre innerhalb der Familie (Bodenmann, 2016, S. 21 f.). Ein positives Familienklima stellt eine soziale Umwelt her, in der Kinder sowohl emotionale Stabilität als auch soziale Kompetenzen aufbauen können (Petermann & Wiedebusch, 2016, S. 92 f.).

Wie bereits im Abschnitt 2.1.3 Bedeutung der Mensch-Hund-Bindung in der Kindheit hervorgehoben, kommt diesem Kontext insbesondere in der mittleren Kindheit besondere Relevanz zu: In dieser Entwicklungsphase übernehmen Kinder zunehmend soziale Rollen und beginnen, ihr Selbstbild verstärkt im Vergleich zu Gleichaltrigen zu differenzieren (Jenni, 2021, S. 293 und 337; Lohaus & Vierhaus, 2019, S. 253).

Die Bedeutung familiärer Stabilität wird schließlich auch durch die Längsschnittstudie von Belsky & Pluess (2009) verdeutlicht: Diese legt nahe, dass bestimmte Kinder besonders sensibel auf eine unterstützende familiäre Umwelt reagieren und daraus langfristig emotionale Vorteile ziehen, etwa durch eine geringere psychische Vulnerabilität oder ein ausgeglicheneres Temperament (Belsky & Pluess, 2009, S. 885).

2.3.2 Interaktion zwischen familiärer Stabilität und Bindung zum Hund

Die Qualität der Bindung eines Hundes zu einer erwachsenen Bezugsperson gilt als Voraussetzung dafür, dass sich auch zwischen dem Tier und dem Kind eine sichere Beziehung herausbilden kann (Wanser et al., 2020, S. 1). Besonders förderlich sind dabei regelmäßige, klar strukturierte Begegnungen im Alltag der Familie, die Verlässlichkeit vermitteln, Nähe ermöglichen und so den Aufbau eines vertrauensvollen Verhältnisses begünstigen (Wanser et al., 2020, S. 1).

Ergänzend weisen Longobardi et al. (2022) darauf hin, dass die Bedeutung der Beziehung zu Haustieren für Kinder gerade in belasteten Kontexten wächst: Wenn familiäre Strukturen instabil sind oder emotionale Distanzen vorherrschen, kann das Tier als konstante, zugewandte Bezugseinheit an Relevanz gewinnen (Longobardi et al., 2022, S. 7). Eine differenzierte Perspektive bietet die Studie von Mehrotra et al. (2025): Dort wird berichtet, dass insbesondere Mädchen aus weniger belasteten Haushalten ihre Haustierbeziehungen positiver bewerten und diese Bewertungen mit stärkerem prosozialen Verhalten einhergehen. Vor diesem Hintergrund lässt sich annehmen, dass emotionale Nähe zum Tier, abhängig von der jeweiligen familiären Ausgangslage, soziale Anpassungsprozesse unterstützen und zur Stabilisierung beitragen kann (Mehrotra et al., 2025, S. 251).

Zugleich zeigen Studien, dass die Mensch–Tier-Beziehung im Familienleben häufig durch die aktive Unterstützung der Eltern gerahmt und aufrechterhalten wird. Eltern fördern den Beziehungsaufbau zwischen Kind und Tier, indem sie Verantwortlichkeiten, etwa Fütterung, Pflege oder gemeinsame Aktivitäten, zwischen sich und dem Kind aufteilen und so sowohl die Verbindlichkeit im Umgang mit dem Tier als auch die familiären Interaktionen insgesamt stärken (Charmaraman et al., 2022, S. 1). Solche Arrangements begünstigen die Entwicklung von Verantwortungsbewusstsein beim Kind und stehen im Zusammenhang mit positiven sozial-emotionalen Kompetenzen wie Perspektivübernahme, allgemeiner sozialer Kompetenz und prosozialem Verhalten (Purewal et al., 2017, S. 1).

In stabilen Familienkonstellationen kann die Beziehung zum Tier zudem als zusätzlicher Schutzfaktor fungieren, der vorhandene Ressourcen des Familiensystems stärkt (Julius et al., 2014, S. 67). So berichten Julius et al. (2014), dass Familien nach der Aufnahme eines Hundes häufiger gemeinsame Freizeitaktivitäten unternehmen und Kinder vermehrt Besuche von Freundinnen und Freunden erhalten, was eine verbesserte soziale Integration von Kindern, zum Beispiel in der Schule, mit sich bringt (Julius et al., 2014, S. 67).

Gleichzeitig sollten Bindungen zu Tieren nicht isoliert betrachtet werden, da sie, wie andere Verhaltenssysteme, in wechselseitiger Beziehung zu weiteren relevanten Systemen stehen. Ihre entwicklungspsychologischen Potenziale entfalten sich erst im Zusammenspiel mit der sozialen Umwelt des Kindes und sind dabei wesentlich abhängig von deren Stabilität, Kohärenz und emotionaler Verfügbarkeit (Julius et al., 2014, S. 109; Wagner et al., 2022, S. 1).

2.3.3 Familiäre Instabilität als Risikofaktor für emotionale Stabilität im Erwachsenenalter

Ein belastetes familiäres Umfeld in der Kindheit steht in nachweisbarem Zusammenhang mit emotionaler Instabilität im Erwachsenenalter (z. B. Babad et al., 2022, S. 1; Palmier-Claus et al., 2025, S. 34; Rosenek et al., 2025, o.S.). Ein solch belastetes Umfeld kann in vielfältiger Weise in Erscheinung treten: durch anhaltende familiäre Konflikte und dysfunktionale Beziehungsmuster, häufig wechselnde Bezugspersonen, erhebliche Erziehungsprobleme seitens der Eltern oder einen niedrigen sozio-ökonomischen Status. Solche Risikofaktoren beeinträchtigen nicht nur die psychische, sondern auch die körperliche Entwicklung von Kindern.

Die Folgen daraus reichen oftmals bis weit ins Erwachsenenalter hinein. Besonders gravierend sind sie dann, wenn mehrere Belastungsfaktoren gleichzeitig auftreten (Lohaus & Vierhaus, 2019, S. 308 f.).

Eine instabile emotionale Umwelt erschwert zudem die Entwicklung konsistenter innerer Arbeitsmodelle. Diese sind jedoch entscheidend, um eigene Emotionen angemessen zu deuten, zu verstehen und zu regulieren (Siegler et al., 2021, S. 451). Bleibt dieser Prozess in der Kindheit aus, kann dies zu einer erhöhten psychischen Vulnerabilität führen, die häufig bis ins Erwachsenenalter fortbesteht (Neyer & Asendorpf, 2024, S. 289).

Darüber hinaus lassen sich transgenerationale Effekte beobachten: Eltern, die selbst in emotional instabilen oder belasteten Kontexten aufgewachsen sind, neigen häufiger zu unsicheren Bindungsmustern. Diese werden oft unbewusst an die nächste Generation weitergegeben (Verhage et al., 2016, S. 337). In der Bindungsforschung gilt insbesondere inkonsistentes oder widersprüchliches elterliches Verhalten, etwa wenn dieselbe Bezugsperson abwechselnd Fürsorge und Ablehnung zeigt, als weiterer wesentlicher Risikofaktor für die Entwicklung einer desorganisierten Bindung (Lyons-Ruth & Spielman, 2004, S. 1). Lyons-Ruth und Spielman (2004) beschreiben dieses Muster als Disconnected and extremely Insensitive Parenting (DIP). Kinder, die diesem elterlichen Verhalten ausgesetzt sind, erleben unlösbare Beziehungskonflikte, was die Herausbildung stabiler innerer Arbeitsmodelle erheblich beeinträchtigen kann. Langfristig erhöht sich dadurch das Risiko für Schwierigkeiten sowohl in der Emotionsregulation als auch in der Aufrechterhaltung verlässlicher zwischenmenschlicher Beziehungen (Lyons-Ruth & Spielman, 2004, S. 1).

In diesem Kontext gewinnt die elterliche Reflexionsfähigkeit zunehmend an Bedeutung: Slade et al. (2020) konnten zeigen, dass Eltern, die ihre eigenen Bindungserfahrungen reflektieren und deren Einfluss auf ihr aktuelles Erziehungsverhalten bewusst berücksichtigen, signifikant häufiger stabile und sichere Beziehungen zu ihren Kindern aufbauen. Bemerkenswert ist, dass dieser Effekt selbst dann auftritt, wenn die Eltern selbst in instabilen oder belasteten Kontexten aufgewachsen sind (Slade et al., 2020, S. 123).

Gleichzeitig weist die Forschung darauf hin, dass nicht alle Kinder, die in schwierigen frühen Lebensumständen aufwachsen, zwangsläufig gravierende emotionale Probleme entwickeln. Die Studie von Masten (2001) zeigt, dass viele Kinder trotz erheblicher Belastungen eine relativ stabile emotionale Entwicklung durchlaufen. Ausschlaggebend scheinen hierbei Schutzmechanismen menschlicher Entwicklungssysteme zu sein, insbesondere das Vorhandensein stabiler sozialer Beziehungen oder verlässlicher Bezugspersonen außerhalb der Kernfamilie (Masten, 2001, S. 227).

Diese Befunde legen die Vermutung nahe, dass protektive Faktoren, wie konstante Bezugspersonen im weiteren sozialen Umfeld oder auch Bindungen zu Tieren, eine bedeutende Rolle für Kinder spielen können.

2.4 Forschungslücke und Hypothesenentwicklung

Obwohl zahlreiche Studien kurzfristige Effekte wie Stressreduktion, soziale Unterstützung oder gesteigertes Wohlbefinden im Kontext von Mensch-Tier-Beziehungen belegen (z. B. Allen et al., 2002, S. 727; McConnell et al., 2011, S. 1239; Nagasawa et al., 2015, S. 333) ist unklar, ob und wie solche Erfahrungen zu einer langfristigen Förderung emotionaler Stabilität beitragen. Einzelne Längsschnittbefunde deuten zwar darauf hin, dass eine enge emotionale Bindung zu einem Haustier in der Kindheit mit einem geringeren Risiko für psychische Störungen im Jugendalter einhergehen kann (Gadomski et al., 2022, S. 1), dennoch fehlt bislang ein empirischer Nachweis für Effekte der Mensch-Hund-Beziehung auf überdauernde Persönlichkeitsdimensionen wie Neurotizismus.

Die Qualität der Kind-Hund-Beziehung wird in dieser Thesis als das subjektiv wahrgenommene Maß an emotionaler Nähe, Verlässlichkeit und gegenseitiger Zuwendung verstanden. Diese Definition stützt sich auf Erkenntnisse zu Bindung, positiven Interaktionen und dyadischer Funktionalität in Mensch-Hund-Beziehungen sowie auf Befunde, die die Entwicklung sicherer Bindungsmuster zwischen Kind und Hund in Abhängigkeit von der bestehenden Bindung zum erwachsenen Bezugshalter beschreiben (Payne et al., 2015, S. 71; Wanser et al., 2020, S. 1).

Erste Arbeiten weisen zudem darauf hin, dass sowohl die Qualität der Mensch-Tier-Beziehung als auch die familiäre Stabilität eine Rolle für die psychologischen Effekte der Mensch-Hund-Bindung spielen können (z. B. Julius et al., 2014, S. 109; Longobardi et al., 2022, S. 7; Wanser et al., 2020, S. 1). Jedoch fehlt bislang ein empirischer Nachweis dafür, ob diese Faktoren den Zusammenhang zwischen Hundehaltung im mittleren Kindesalter und stabilen Persönlichkeitsmerkmalen wie Neurotizismus moderieren und ob diese Beziehungen bis ins Erwachsenenalter fortwirken.

Auf dieser Grundlage werden folgende Hypothesen formuliert:

H1: Erwachsene, die im mittleren Kindesalter mit einem Hund aufgewachsen sind, zeigen signifikant geringere Ausprägungen von emotionaler Instabilität (Neurotizismus) im Vergleich zu Personen ohne Hund in dieser Lebensphase.

H2: Die Qualität der Beziehung zum Hund im mittleren Kindesalter moderiert den Zusammenhang zwischen Hundehaltung und emotionaler Instabilität im Erwachsenenalter.

H3: Der Zusammenhang zwischen dem Aufwachsen mit einem Hund im mittleren Kindesalter und emotionaler Instabilität im Erwachsenenalter wird durch die familiäre Stabilität moderiert.

Methodik 3

Die Methodik dieser Untersuchung wurde darauf ausgerichtet, den Forschungsgegenstand in seiner Vielschichtigkeit adäquat zu erfassen. Im Zentrum steht die Frage, wie sich Erfahrungen des Aufwachsens mit einem Hund im mittleren Kindesalter auf die emotionale Stabilität, unter Berücksichtigung der familiären Stabilität, im Erwachsenen-alter auswirken.

Da dieser Zusammenhang sowohl messbare, generalisierbare Strukturen als auch individuell geprägte, biografische Bedeutungen umfasst, wurde ein Forschungsdesign gewählt, das den analytischen Anspruch quantitativer Verfahren mit der interpretativen Tiefe qualitativer Ansätze verbindet. Auf diese Weise können nicht nur statistische Zusammenhänge identifiziert, sondern auch die subjektiven Erfahrungswelten der Teilnehmenden rekonstruiert werden.

3.1 Forschungsdesign

Für die vorliegende Untersuchung wurde ein Mixed-Methods-Design gewählt, um den langfristigen Einfluss von Hundehaltung in der Kindheit auf die emotionale Stabilität im Erwachsenenalter möglichst umfassend zu erfassen. Mixed-Methods-Ansätze verbinden qualitative und quantitative Methoden innerhalb einer Studie und ermöglichen so eine differenzierte Betrachtung komplexer psychologischer Fragestellungen (Schreier et al., 2023, S. 346 f.).

A. C. Misral, *Der Zusammenhang zwischen dem Aufwachsen mit Hund und emotionaler Instabilität im Erwachsenenalter*, BestMasters,
https://doi.org/10.1007/978-3-658-50936-1_3

Während mit qualitativer Forschung kontextreiche, interpretativ ausgewertete Daten erfasst werden sollen, um subjektive Bedeutungen und individuelle Erlebensweisen zu verstehen, zielt quantitative Forschung auf die Erhebung standardisierter, messbarer Daten zur statistischen Analyse objektiver Zusammenhänge (Mayring, 2022, S. 17 f.; Strübing, 2013, S. 4).

Zudem ist das Forschungsdesign querschnittlich angelegt, da alle Daten je zu einem einzigen Erhebungszeitpunkt im Erwachsenenalter erhoben werden und sich retrospektiv auf Erfahrungen in der Kindheit beziehen (Ritschl et al., 2023, S. 174).

Die retrospektive Betrachtung von Kindheitserfahrungen mit Hunden im Kontext familiärer Stabilität für die emotionale Entwicklung umfasst sowohl objektivierbare Zusammenhänge als auch subjektive, biografisch eingebettete Erlebnisse. Während der quantitative Teil dazu dient, mögliche Zusammenhänge zwischen der Beziehung zum Hund, familiärer Stabilität und emotionaler Stabilität statistisch zu prüfen, zielt der qualitative Teil darauf ab, individuelle Deutungsmuster und narrative Bedeutungszuschreibungen zu erfassen. Auf diese Weise kann nicht nur überprüft werden, ob ein Zusammenhang besteht, sondern auch wie und in welchem Kontext dieser erlebt und interpretiert wird (Kuckartz, 2014, S. 28 f.).

Konkret wurde ein sequenzielles Mixed-Methods-Design umgesetzt. Dabei wurde zunächst eine quantitative Datenerhebung durchgeführt, auf deren Basis im Anschluss gezielt Fälle zur qualitativen Datenerhebung ausgewählt wurden (in Anlehnung an Schreier et al., 2023, S. 346 f.). Dieses Vertiefungsdesign (explanatory sequential design) erlaubt es, zunächst allgemeine statistische Zusammenhänge zu identifizieren und diese anschließend durch persönliche Erfahrungsnarrative tiefergehend zu interpretieren (Schreier et al., 2023, S. 349). So wird deutlich, wie Teilnehmende selbst den Zusammenhang zwischen Hundebindung, familiärer Stabilität und emotionalem Erleben deuten und einordnen.

Die Entscheidung für ein sequenzielles explanatory design anstelle eines parallelen Mixed-Methods-Ansatzes basiert auf dem Ziel, die qualitative Fallauswahl gezielt aus den quantitativen Daten abzuleiten (Schreier et al., 2023, S. 349). Auf diese Weise lassen sich kontrastierende und theoretisch besonders relevante Fälle identifizieren, wodurch die qualitative Vertiefung gezielter und hypothesengeleiteter erfolgen kann. Ein paralleles Design hätte zwar den Vorteil zeitgleicher Datenerhebung, würde jedoch nicht dieselbe Präzision in der gezielten Fallauswahl bieten (Reinders, 2016, S. 118; Schreier et al., 2023, S. 354). Das exploratory sequential design, bei dem die qualitative Erhebung der quantitativen vorausgeht, wurde nicht gewählt, da die theoretische Zielsetzung der Studie nicht primär in der Entwicklung neuer Hypothesen oder Messinstrumente lag, sondern in der Überprüfung und kontextuellen Vertiefung bestehender Annahmen (in Anlehnung an Schreier et al., 2023, S. 349).

3.2 Quantitative Datenerhebung

Die quantitative Erhebung diente der systematischen Erfassung standardisierter, vergleichbarer Daten, um potenzielle Zusammenhänge zwischen Hundehaltung in der Kindheit, familiärer Stabilität und dem Persönlichkeitsmerkmal Neurotizismus im Erwachsenenalter statistisch zu überprüfen.

Durch den Einsatz selbsterstellter Items auf Basis validierter Messinstrumente und einer klar definierten Stichprobenstruktur sollte eine belastbare Grundlage geschaffen werden, die sowohl Hypothesenprüfungen als auch explorative Analysen ermöglicht. Der Fokus lag darauf, eine hinreichend große und heterogene Stichprobe zu gewinnen, um sowohl interne Validität als auch externe Generalisierbarkeit der Ergebnisse zu sichern.

3.2.1 Stichprobe und Rekrutierung

Die angestrebte Stichprobengröße lag bei $n = 64$ Personen pro Gruppe (je mit und ohne Hund in der Kindheit). Diese Zahl ergab sich aus einer Poweranalyse für t-Tests und multiple lineare Regressionsanalysen mit mittlerer Effektstärke ($d = 0.5$ bzw. $f^2 = 0.15$), einem Signifikanzniveau von $\alpha = 0.05$ und einer Teststärke von $1–\beta = 0.80$. Für die geplante multiple lineare Regression mit mittlerer Effektstärke ($f^2 = 0{,}15$) ergab sich ein geringerer Mindeststichprobenumfang ($N = 77$), sodass der für den t-Test berechnete Wert verwendet wurde. Die Berechnung erfolgte mit dem Programm G*Power. Die Ergebnisse der Poweranalyse sind in Abbildung 3.1 visualisiert.

Eingeschlossen wurden erwachsene Personen im Alter von 18 bis 65 Jahren, welche in der Lage sind, retrospektiv ihre Kindheit differenziert zu reflektieren. Die Altersgrenze von 65 Jahren dient der Minimierung möglicher Verzerrungen durch potenzielle altersbedingte Gedächtniseinschränkungen. Die Erhebung erfolgte anonymisiert über einen Online-Fragebogen, der mit Hilfe von SoSci Survey erstellt wurde. Teilnehmende mussten vor dem Start der Befragung einer datenschutzkonformen Einwilligungserklärung gemäß den Prinzipien des informed consent zustimmen (in Anlehnung an Schreier et al., 2023, S. 123).

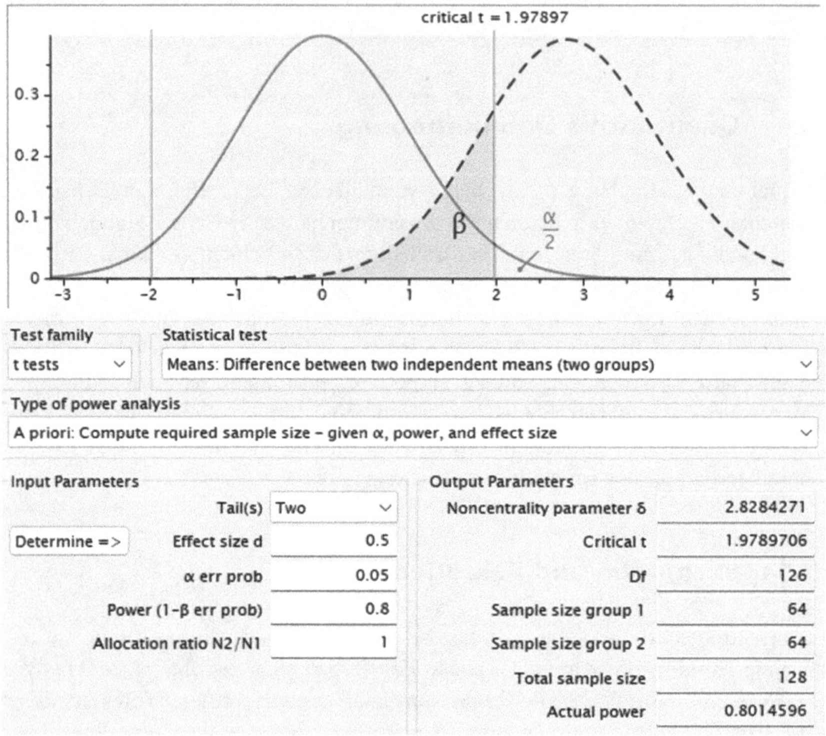

Abbildung 3.1 Ergebnis der A-priori-Poweranalyse für einen zweiseitigen t-Test. (Eigene Darstellung)

Zur Identifikation geeigneter Einrichtungen im Umkreis von 30 km der Autorin wurde Google Maps genutzt. Die geografische Eingrenzung auf einen Radius von 30 km um den Wohn- bzw. Arbeitsort der Autorin ermöglicht eine praktikable und ressourcen-schonende Durchführung der Rekrutierungsmaßnahmen. Der Radius wurde so gewählt, da in diesem Gebiet bereits ausreichend potenzielle Teilnehmende erreichbar sind. Diese Nähe erlaubt zusätzlich eine persönliche Kommunikation mit potenziellen Kooperationspartnern und Kooperationspartnerinnen vor Ort sowie eine flexible, bedarfsorientierte Verteilung von Informationsmaterialien, wie zum Beispiel das Übergeben von Flyern.

Mit aktiviertem Standort der Autorin wurden die Suchbegriffe „Hundeschule“, „Hundeverein“ und „Tierarzt“ jeweils einzeln eingegeben. Alle relevanten Treffer wurden manuell nach Entfernung sortiert erfasst. Sofern verfügbar, wurden die E-Mail-Adressen für eine spätere Kontaktaufnahme recherchiert und dokumentiert. Zusätzlich brachte die Inhaberin einer der kontaktierten Hundeschulen, die Idee ein, über soziale Medien nach Teilnehmenden zu suchen. In diesem Zusammenhang erstellte sie für die Autorin eine Liste von Social-Media-Kanälen mit Bezug zu den Themenbereichen Hund und Wissenschaft. Nach Überprüfung dieser Liste durch die Autorin wurden alle ausgewählten Kanäle kontaktiert, um auf die Studie aufmerksam zu machen.

Insgesamt wurden 41 Hundeschulen, Tierarztpraxen, Hundevereine und Social Media Kanäle kontaktiert. Für eine der Mailadressen war die E-Mail unzustellbar, womit schließlich 40 Einrichtungen kontaktiert wurden.

Unterstützende Personen und Institutionen hatten darüber hinaus die Möglichkeit, Informationsflyer anzufordern, welche von der Autorin entweder persönlich überbracht oder postalisch zugesendet wurden.

Methodisch lässt sich die Stichprobenziehung als nicht-probabilistisches purposive sampling mit Anteilen von convenience sampling einordnen (Mey & Mruck, 2010, S. 241; Stratton, 2021, S. 373). Die gezielte Auswahl relevanter Institutionen und Online-Kanäle mit thematischem Bezug zur Hundehaltung gewährleistet eine erhöhte Wahrscheinlichkeit, Personen mit den für die Forschungsfrage relevanten Erfahrungen zu erreichen. Zugleich wird durch die Öffnung der Teilnahme über öffentliche Social-Media-Kanäle eine breitere, heterogene Zusammensetzung der Stichprobe angestrebt.

3.2.2 Operationalisierung

Die abhängige Variable der Untersuchung ist der Neurotizismus, der in Anlehnung an ein standardisiertes Selbstauskunftsverfahren erhoben wurde. Um diese Variable zu erheben kam konkret eine Adaption des NEO-FFI-30 (Körner et al., 2008, S. 241) zum Einsatz. Die Anpassung der bestehenden Skalen erfolgte lediglich so weit, dass die psychometrische Qualität erhalten bleibt.

Die erste Moderatorvariable zur Prüfung von Hypothese 2 bildet die wahrgenommene Beziehungsqualität zum Hund. Hierzu wurde eine eigens entwickelte Skala verwendet, die sich an bestehenden Ansätzen aus der tiergestützten Bindungsforschung, der Monash Dog Owner Relationship Scale, orientiert (MDORS; Dwyer et al., 2006, S. 251).

Die zweite Moderatorvariable zur Prüfung von Hypothese 3 ist die familiäre Stabilität in der Kindheit. Diese wurde mithilfe einer adaptierten Version der Familienklimaskala (FKS) von Schneewind (1988) operationalisiert, welche

Dimensionen wie emotionale Unterstützung, Konfliktfrequenz und Struktur des Familienalltags erfasst (Schneewind, 1988, S. 238 f.).

Zur Erhöhung der Messpräzision wurden alle Skalen hinsichtlich sprachlicher Klarheit und Verständlichkeit überarbeitet und an den teilweise retrospektiven Erhebungskontext angepasst. Dabei wurde besonders darauf geachtet, die originale Skalenstruktur nicht zu verändern, um die psychometrische Qualität der Instrumente beizubehalten. Die Items wurden in einheitlicher Antwortform auf einer fünfstufigen Likert-Skala präsentiert (1 = „trifft gar nicht zu" bis 5 = „trifft voll und ganz zu"), was eine differenzierte Einschätzung und gleichzeitig eine kognitiv niedrigschwellige Antwortoption ermöglicht (Döring, 2023, S. 271).

Zur Optimierung der Erhebungsqualität wurden sowohl Pufferfragen bzw. Fillerfragen als auch Filterfragen eingesetzt. Die Fillerfragen dienten dazu, das Antwortverhalten zu entlasten und potenzielle Antworttendenzen, etwa durch Wiedererkennung oder thematische Vorprägung, zu minimieren (Döring, 2023, S. 403). Damit sollte insbesondere die soziale Erwünschtheit bei sensiblen oder stark bewertungsabhängigen Items reduziert werden. Die Filterfragen wurden verwendet, um die Itempräsentation ziel-gerichtet an die der Teilnehmenden anzupassen (Döring, 2023, S. 403).

Nach der datenschutzkonformen Einwilligungserklärung und einer kurzen Begrüßung wurden zuerst demografische Basisdaten erhoben. Dazu zählten das Alter, Geschlecht, der höchste Bildungsabschluss, ob die Eltern während der Kindheit zusammengelebt haben sowie die Filterfrage ob zwischen dem sechsten und zwölften Lebensjahr ein Hund im Haushalt der Teilnehmenden lebte. Nur bei positiver Beantwortung dieser Frage wurde die Skala zur Mensch-Hund-Bindung angezeigt, welche auf die adaptierte FKS-Skala folgte.

Im Anschluss sollten acht Items zur familiären Stabilität in der Kindheit, die adaptiert wurden und auf der FKS basieren, beantwortet werden (Schneewind, 1988, S. 238 f.). Zwei der Items waren dabei negativ formuliert. Zur Entlastung des Antwortverhaltens wurde im Anschluss eine Fillerfrage eingebaut.

Darauf folgte die adaptierte MDORS-Skala (Dwyer et al., 2006, S. 251) zur retrospektiven Erhebung der Mensch-Hund-Bindung. Auch diese umfasste acht Items, von denen zwei invertiert formuliert waren. Daraufhin folgte eine Fillerfrage, die ebenfalls nur erschien, wenn die Frage nach einem Aufwachsen mit Hund im mittleren Kindesalter bejaht wurde.

Nachfolgend wurden sechs Items zur Erfassung des Persönlichkeitsmerkmals Neurotizismus, welche sich an dem NEO-FFI-30 orientieren (Körner et al., 2008, S. 241), eingesetzt, wovon eines invertiert war. Alle negativ gepolten Items wurden entsprechend bei der Auswertung invertiert.

Zum Abschluss wurde den Teilnehmenden die Möglichkeit gegeben anzugeben, ob grundsätzlich Interesse an einem vertiefenden Interview besteht und gegebenenfalls freiwillig eine E-Mail-Adresse zu hinterlassen. Danach folgte eine knappe Danksagung sowie ein kurzer Ausblick auf das mögliche weitere Vorgehen.

3.2.3 Ablauf der Datenerhebung

Die quantitative Hauptbefragung wurde im Zeitraum vom 28. Mai 2025 bis zum 19. Juni 2025 durchgeführt und erstreckte sich somit über eine Dauer von insgesamt 23 Tagen. In dieser Zeit wurden die Flyer sowie der Link unter 3.2.1 Stichprobe und Rekrutierung dargelegten Institutionen und Social Media Kanäle verbreitet. Eine Erinnerung an der Befragung teilzunehmen oder eine Bitte darum diese zu verbreiten, erfolgte im gesamten Erhebungszeitraum ca. drei Mal.

Innerhalb dieses Erhebungsfensters konnten 214 gültige Datensätze gesammelt werden. Ein Großteil des Rücklaufs erfolgte dabei in den ersten Tagen nach Veröffentlichung der Umfrage.

Zur Datenbereinigung wurden insgesamt 20 Datensätze ausgeschlossen, da die entsprechenden Fragebögen nicht vollständig ausgefüllt wurden. Für die verbleibenden Fälle lagen jedoch vollständige Angaben vor.

Zusätzlich wurde eine Plausibilitätsprüfung anhand der Antwortmuster durchgeführt. Dabei fiel ein Fall (Case 304) auf, dessen Standardabweichung über alle Items hinweg bei lediglich 0,09 lag. Diese geringe Antwortvarianz deutet auf ein nicht differenziertes Antwortverhalten hin. Der entsprechende Datensatz wurde daher ebenfalls ausgeschlossen.

Nach Abschluss der Datenbereinigung umfasste die finale Stichprobe somit 193 valide und vollständig auswertbare Fälle, welche die Grundlage für sämtliche quantitative Analysen der vorliegenden Untersuchung bildeten, wie in Abbildung 3.2 dargestellt.

Zur Qualitätssicherung wurde vor der Erhebungsphase zudem Funktionsprüfungen des Online-Fragebogens durchgeführt, um technische Störungen oder fehlerhafte Itemdarstellungen auszuschließen und eine Teilnahme via Mobiltelefon sowie Computer zu ermöglichen. Insbesondere die Skalenanzeige wurde für die Darstellung auf dem Mobiltelefon deutlich verkleinert.

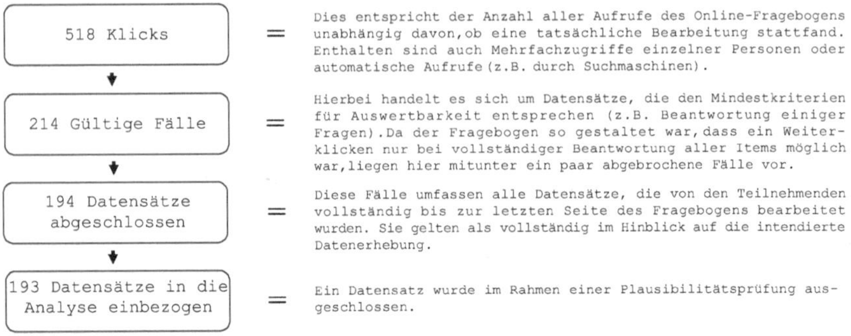

Abbildung 3.2 Flussdiagramm Datenbereinigung. (Eigene Darstellung)

3.2.4 Reliabilitätsprüfung

Zur Überprüfung der Skalenqualität wurde vorab ein Pretest durchgeführt. Dieser fand von 25.05.2025 bis 28.05.2025 statt. 20 Personen aus dem privaten Umfeld der Autorin nahmen daran teil. Ein Datensatz wurde aufgrund unvollständiger Angaben ausgeschlossen, sodass 19 Fälle in die Analyse einbezogen werden konnten.

Die Berechnung von Cronbachs Alpha diente der Einschätzung der internen Konsistenz (Schreier et al., 2023, S. 98) und erfolgte nach vorheriger Rekodierung negativ gepolter Items. Alle drei Skalen zeigten im Pretest eine hohe interne Konsistenz ($\alpha \geq .84$) und bildeten die jeweiligen Konstrukte zuverlässig ab (in Anlehnung an Döring, 2023, S. 475), wie in Tabelle 3.1 dargestellt.

Tabelle 3.1 Konsistenzmaße der verwendeten Skalen. (Eigene Darstellung)

Variable	Instrument zur Orientierung	*N*	Cronbachs α
Familiäre Stabilität	Familienskala (FKS)	19	.94
Hundebindung	Monash Dog Owner Relationship Scale (MDORS)	11	.84
Neurotizismus	NEO-FFI-30	19	.84

Ergänzend zur Reliabilitätsprüfung wurde eine Itemanalyse durchgeführt. Für jedes Item wurde sowohl die Trennschärfe als auch das Cronbachs Alpha im Fall eines hypothetischen Ausschlusses berechnet.

Die an der FKS orientierten Items zeigten Trennschärfen zwischen $r = .57$ und $r = .86$, was auf eine hohe inhaltliche Homogenität der Skala hinweist (in Anlehnung an Döring, 2023, S. 274). Die Items der MDORS orientierten Skala lagen zwischen $r = .63$ und $r = .87$ und ermöglichten damit eine gute Differenzierung (in Anlehnung an Döring, 2023, S. 274). Die NEO-FFI-30 basierten Items zur Erfassung von Neurotizismus wiesen Trennschärfen zwischen $r = .39$ und $r = .78$ auf, was einen akzeptablen bis sehr guten Bereich darstellt (in Anlehnung an Döring, 2023, S. 274).

Die vergleichsweise geringeren Werte einzelner Items sind potenziell darauf Zurückzuführen, dass unterschiedliche Facetten emotionaler Instabilität erfasst werden. Kein Item hätte durch seinen Ausschluss die Reliabilität verbessert, was für eine gelungene Skalenkonstruktion spricht (in Anlehnung an Döring, 2023, S. 274).

Auch in der Hauptuntersuchung erwiesen sich die Skalen als reliabel. Nach der vollständigen Datenerhebung und der abschließenden Rekodierung negativ gepolter Items wurden erneut Cronbachs-Alpha-Werte berechnet. Die acht Items, die sich inhaltlich an der FKS orientieren, ergaben einen Alpha-Wert von $\alpha = .925$, was auf eine sehr gute interne Konsistenz hinweist. Die acht Items zur Hundebindung, basierend auf der MDORS, zeigten mit $\alpha = .905$ ebenfalls eine sehr gute interne Konsistenz (in Anlehnung an Döring, 2023, S. 274). Die sechs Items zur Erfassung des Neurotizismus nach dem NEO-FFI-30 ergaben einen Wert von $\alpha = .861$ und belegen damit eine gute Reliabilität (in Anlehnung an Döring, 2023, S. 274).

Die Ergebnisse bestätigen, dass die Skalen in ihrer finalen Form geeignet sind, die interessierenden Konstrukte im Rahmen dieser Masterthesis zuverlässig zu erfassen.

3.3 Qualitative Datenerhebung

Der qualitative Teil ergänzt nicht nur die Befunde der quantitativen Erhebung, sondern ermöglicht die Rekonstruktion individueller Verarbeitungs- und Entwicklungsverläufe, wie sie in numerischen Daten nicht abgebildet werden können (Mayring, 2022, S. 22). Er trägt dazu bei, den theoretisch vermuteten Zusammenhang zwischen dem Aufwachsen mit Hund im mittleren Kindesalter und späterer emotionaler Stabilität, unter Berücksichtigung familiärer Stabilität, kontextualisiert und mehrdimensional zu erfassen.

3.3.1 Ziel und Forschungsinteresse der qualitativen Teilstudie

Der qualitative Teil der Thesis verfolgt das Ziel, die subjektiven Deutungen und emotionalen Bedeutungen zu erfassen, die Erwachsene rückblickend mit der Erfahrung des Aufwachsens mit einem Hund im mittleren Kindesalter verbinden. Im Gegensatz zum quantitativen Teil, der auf die Überprüfung hypothesengeleiteter Zusammenhänge zwischen Hundebindung im Kindesalter, familiärer Stabilität und emotionaler Instabilität fokussiert, liegt der Mehrwert der qualitativen Erhebung in der vertieften Exploration individueller Erlebensweisen. Ziel ist es nicht, Regelhaftigkeiten zu bestätigen, sondern die Vielfalt biografischer Perspektiven sichtbar zu machen, um dadurch ein tieferes Verständnis für die psychologische Relevanz von der Beziehung zum Hund im Kindesalter zu gewinnen.

Konkret ist von Interesse, wie die Beziehungserfahrungen mit dem Hund aus der Erwachsenenperspektive interpretiert werden, insbesondere im Hinblick auf die eigene emotionale Entwicklung und heutige emotionale Stabilität. Welche Funktionen übernahm das Tier aus Sicht der Befragten? Wurden Trost, Sicherheit oder Zugehörigkeit erlebt? Und wenn ja, unter welchen Bedingungen? Dabei interessiert nicht nur das Erinnerte, sondern auch das, was zwischen den Zeilen mitschwingt: Wie sich der Hund als Teil eines größeren familiären Systems in das emotionale Gefüge eingebettet hat, wie Nähe, Verantwortung oder auch Ambivalenzen erlebt wurden und welche Rolle diese Erlebnisse möglicherweise heute noch spielen.

Der qualitative Zugang ermöglicht es zudem, Spannungsfelder zwischen den verschiedenen Kontexten zu erkennen, beispielsweise wenn emotionale Nähe zum Hund in einem instabilen familiären Umfeld kompensatorische Funktionen übernahm oder wenn Hundebeziehungen in einem sonst stabilen Familiensetting eher beiläufig erlebt wurden. Solche Differenzierungen lassen sich quantitativ nur begrenzt erfassen, sind jedoch wichtig, um die Wirkungskraft tierischer Bindungen wirklich zu verstehen.

Diese Teilstudie folgt damit einer doppelten Erkenntnisabsicht: Zum einen sollen individuelle, alltagsweltlich eingebettete Erfahrungen analytisch sichtbar gemacht werden, zum anderen trägt ihre systematische Analyse dazu bei, theoretische Konzepte wie emotionale Stabilität, Bindung und Ressourcenerleben im Kontext von Kind-Hund-Beziehungen differenzierter zu fassen.

3.3.2 Stichprobe und Fallauswahl

Von den insgesamt 193 befragten Probanden und Probandinnen, die am Online-Fragebogen teilnahmen, erklärten sich 52 bereit, an einem vertiefenden Interview teilzunehmen. Diese Bereitschaft wurde am Ende der Onlinebefragung erfasst, indem erfragt wurde, ob grundsätzlich Interesse an einem ca. 30-minütigen Gespräch zu den Kindheitserfahrungen mit oder ohne Hund bestehe. Für die qualitative Anschlussuntersuchung wurden entsprechend ausschließlich diese 52 Personen berücksichtigt.

Zunächst wurden alle 52 Teilnehmenden, die am Ende der Umfrage ihre Bereitschaft für ein Interview signalisiert hatten, per E-Mail kontaktiert. In der Nachricht wurde unverbindlich angefragt, ob grundsätzlich Interesse und zeitliche Verfügbarkeit für ein ca. 30-minütiges Gespräch an einem Wochenende in den kommenden vier Wochen (zwischen 11 und 18 Uhr) bestehen würde. Insgesamt meldeten sich daraufhin zwölf Personen zurück, welche für die Fallauswahl berücksichtigt wurden.

Da die Anzahl der Personen, die im mittleren Kindesalter mit einem Hund aufgewachsen sind ausreichend war, um kontrastierende Fälle zu identifizieren, wurden ausschließlich diese Fälle in die qualitative Analyse einbezogen. Dabei handelte es sich um sieben Probanden und Probandinnen. Die Entscheidung, ausschließlich Personen einzubeziehen, die im mittleren Kindesalter mit Hund aufgewachsen sind, orientiert sich am in Abschnitt 3.3.1 Ziel und Forschungsinteresse der qualitativen Teilstudie beschriebenen Erkenntnisinteresse der Studie.

Trotz der begrenzten Anzahl der Probanden und Probandinnen erlaubten die vorhandenen Unterschiede in Neurotizismus, familiärer Stabilität und Hundebindung eine gezielte Fallauswahl, die dem Prinzip der Varianzmaximierung (in Anlehnung an Reinders, 2016, S. 118; Schreier et al., 2023, S. 354) entspricht, da sie ein möglichst breites Spektrum abbildet. Ein Fall hatte in seinen Werten eine zu große Übereinstimmung mit einem anderen, weshalb er gemäß dem Prinzip der Varianzmaximierung ausgeschlossen wurde.

Nach Durchführung der qualitativen Teilstudie lagen insgesamt sechs Interviews vor, von denen zwei nach sorgfältiger ethischer Prüfung ebenfalls ausgeschlossen wurden. Die betreffenden Gespräche thematisierten Inhalte, die über den Fokus der Forschungsfrage hinausgingen und ein erhöhtes Belastungspotenzial aufwiesen. Der Ausschluss erfolgte im Einklang mit forschungsethischen Richtlinien (DGPS & BDP, 2022, o.S.). Eine ausführliche Begründung hierzu findet sich in Abschnitt 3.4 Ethische Überlegungen.

Die Fallauswahl erfolgte auf Grundlage der quantitativen Analyse. Die entsprechenden Werte der interviewten Personen sind in Abschnitt 4.1.5 Identifikation kontrastierender Fälle zur qualitativen Weiterverarbeitung, Tabelle 4.2 dargestellt.

3.3.3 Erhebungsmethode und Leitfadenentwicklung

Zur Erhebung der qualitativen Daten wurde ein halbstrukturierter Interviewleitfaden entwickelt, der sich an der themenzentrierten Methodik nach Helfferich (2011) orientiert (Helfferich, 2011, S. 36). Dieses Vorgehen erlaubt es, forschungsleitende Themenbereiche systematisch abzudecken und gleichzeitig Raum für individuelle Narrationen und subjektive Perspektiven der Interviewten zu lassen (Helfferich, 2011, S. 37 ff.). Zudem sollte die Möglichkeit bestehen, die Fragen auch an einer anderen Stelle des Interviews stellen zu können oder sie wegzulassen, wenn sie innerhalb des Gesprächs bereits beantwortet wurden.

Die Konzeption des Leitfadens erfolgte in einem deduktiv-induktiven Verfahren (in Anlehnung an Mayring, 2022, S. 67): Ausgangspunkt waren die theoretischen Überlegungen und Hypothesen der Arbeit, insbesondere mit Blick auf die Rolle von Hundehaltung in der Kindheit sowie familiärer Stabilität als mögliche Einflussfaktoren auf den Neurotizismus. Ziel war es, diesen Zusammenhang aus subjektiver Sicht der Teilnehmenden tiefergehend betrachten zu können.

Der Leitfaden griff daher verschiedene Themenfelder auf: Zunächst wurden allgemeine Kindheitserinnerungen sowie wahrgenommene emotionale Atmosphären in der Familie exploriert. Daran anschließend wurden Erinnerungen an den Hund und die Beziehung zum Tier thematisiert, wobei besonderes Augenmerk auf subjektive Bedeutungszuschreibungen, emotionale Funktionen und Bindungserfahrungen gelegt wurde. Schließ-lich richteten sich die Fragen auf das aktuelle emotionale Erleben der Befragten, ihr Selbstbild in Bezug auf emotionale Stabilität sowie reflexive Einschätzungen über mögliche Zusammenhänge zwischen ihren Kindheitserfahrungen und ihrer heutigen Persönlichkeitsstruktur. Zur Anregung narrativer Sequenzen kamen offene Formulierungen zum Einsatz.

3.3.4 Durchführung und Dokumentation

Die qualitative Datenerhebung wurde im Juli 2025 innerhalb eines Zeitraums von etwa zwei Wochen durchgeführt. Die Terminvergabe der Interviews erfolgte individuell und orientierte sich an den zeitlichen Möglichkeiten der Teilnehmenden. Im Vorfeld erhielten die Teilnehmenden per E-Mail eine kurze Übersicht zum Ablauf des Gesprächs sowie die Datenschutzerklärung, die sie vor Beginn des Interviews unterschrieben zurücksandten.

Um eine möglichst hohe Teilnahmebereitschaft zu ermöglichen, standen vor allem an Wochenenden flexible Zeitfenster zur Verfügung. Nach erfolgter Terminzusage erhielten die Teilnehmenden einen Zoom-Link mit den Zugangsdaten.

Zu Anfang des Meetings und vor Beginn jedes Interviews wurden die Teilnehmenden ergänzend zu den vorab per E-Mail übermittelten Informationen mündlich umfassend über Zielsetzung, Ablauf und Inhalte der Studie aufgeklärt. Dabei wurden erneut zusätzlich datenschutzrechtliche Hinweise gegeben und das Einverständnis zur audiographischen Aufzeichnung sowie zur anonymisierten Auswertung der Aussagen eingeholt. Der Ablauf vor Beginn des Interviews ist in Abbildung 3.3 schematisch dargestellt.

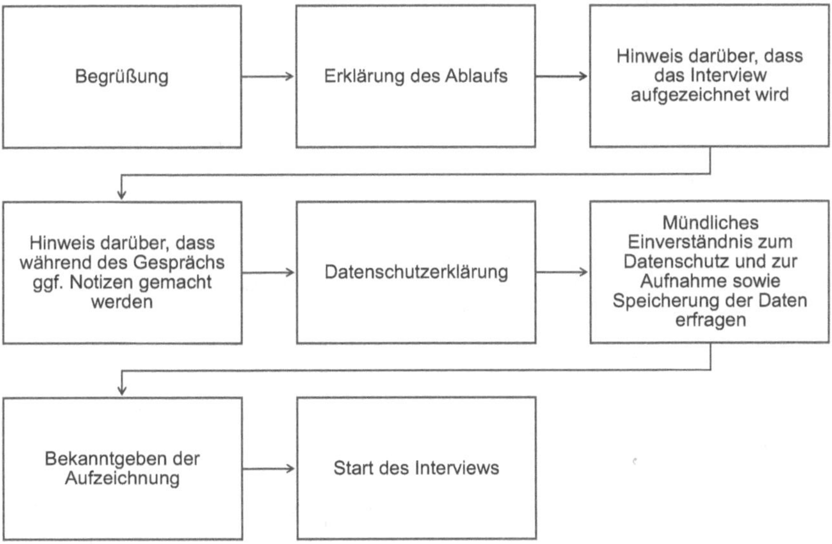

Abbildung 3.3 Ablauf vor dem Interview. (Eigene Darstellung)

Besonders wurde Wert auf eine empathische und zugewandte Gesprächsführung gelegt, um ein offenes und vertrauensvolles Klima zu schaffen, welches den Teilnehmenden Raum für persönliche Erzählungen bot. Gleichzeitig wurde darauf geachtet, die forschungsleitenden Themen des Interviewleitfadens im Blick zu behalten.

Die technische Umsetzung verlief in allen Fällen stabil, es kam zu keinen nennenswerten Störungen. Die Teilnehmenden erschienen gut vorbereitet und zeigten sich offen für das Gespräch. Die durchschnittliche Dauer der Interviews betrug ca. 23 Minuten.

3.3.5 Auswertungsmethode

Im Anschluss der Interviews erfolgte eine wortgetreue Transkription gemäß den vereinfachten Transkriptionsregeln von Kuckartz (2010), bei denen auf paraverbale Merkmale wie Tonfall oder Pausen weitgehend verzichtet wurde, um den Fokus auf den wörtlich-semantischen Gehalt der Aussagen zu richten (zitiert nach Mey & Mruck, 2010, S. 729). Zur Kontextualisierung der Transkripte wurden zusätzlich Feldnotizen herangezogen, die unmittelbar während oder nach den Interviews angefertigt wurden. Diese enthielten Beobachtungen zum Gesprächsverlauf, emotionale Reaktionen der Teil-nehmenden, situative Besonderheiten sowie erste analytische Eindrücke.

Die Auswertung der Interviews erfolgte nach der qualitativen Inhaltsanalyse nach Mayring (2022), die sich in der psychologischen Forschung als etabliertes Verfahren zur systematischen und theoriegeleiteten Analyse sprachlicher Materialien bewährt hat (Mayring, 2022, S. 84 f.). Im Fokus dieser Methode stand die kontrollierte Reduktion des Materials mit dem Ziel, Bedeutungsstrukturen sichtbar zu machen und inhaltlich geordnete Kategorien zu entwickeln, die sowohl am Datenmaterial selbst als auch an den theoretischen Annahmen der Forschung orientiert sind (Mayring, 2022, S. 85).

Konkret wurde ein deduktiv-induktives Vorgehen nach Mayring (2022) gewählt, bei dem deduktiv entwickelte Hauptkategorien zunächst aus der Forschungsfrage und dem theoretischen Bezugsrahmen abgeleitet wurden (Mayring, 2022, S. 67). Darunter: A – Emotionale Entwicklung / Stabilität, B – Familiäre Stabilität, C – Mensch-Hund-Bindung, D – Ressourcenerleben, E – Belastungserfahrungen sowie F – Subjektive Deutung / Reflexion. Die Kategorienbildung erfolgte iterativ, das heißt, erste Kategoriensysteme wurden anhand eines Pilottranskripts entwickelt und im Verlauf der Analyse überarbeitet, ergänzt und präzisiert.

Im weiteren Verlauf der Analyse wurden zudem drei induktiv abgeleitete Kategorien ergänzt: G – Tier als sozial-emotionale Bezugsperson zur Erfassung von Aussagen, in denen der Hund zum Beispiel als Tröster, Zuhörer oder empathischer Begleiter beschrieben wurde, H – Verantwortung / Rollenverteilung zur analytischen Erfassung von Aussagen über die Zuweisung und Übernahme von Verantwortung im Mensch-Hund-Alltag, sowie I – Theoriebezug / Transfer auf andere, um Passagen zu erfassen, in denen Interviewte theoretische Konzepte oder Generalisierungen auf andere Personen oder Lebensbereiche bezogen. Diese Erweiterungen basierten auf wiederkehrenden Mustern in den Daten und wurden nachträglich theoriebasiert in das finale Kategoriensystem integriert.

Zudem enthielt das Codebuch zu jeder Kategorie eine Definition, die den inhaltlichen Kern des Codes beschreibt sowie klare Abgrenzungskriterien. Diese legen fest, unter welchen Bedingungen eine Textstelle der jeweiligen Kategorie zugeordnet werden sollte und in welchen Fällen eine Codierung nicht angemessen ist.

Die Analyse wurde mithilfe der Software MAXQDA durchgeführt, um eine systematische Codierung und flexible Rekontextualisierung der Textstellen zu ermöglichen.

Zur Visualisierung der relativen Häufigkeit der vergebenen Codes wurde mithilfe der Software MAXQDA eine Codewolke erstellt. Sie veranschaulicht, welche inhaltlichen Kategorien im Gesamtmaterial besonders häufig codiert wurden. Dabei erscheinen Begriffe, die häufiger vergeben wurden, in größerer Schrift, wodurch die grundlegenden Themenkomplexe visuell hervorgehoben und semantische Schwerpunkte innerhalb des Datenmaterials intuitiv erfassbar werden, wie in Abbildung 3.4 dargestellt.

Ergänzend dazu wurde ein Code-Trend-Diagramm erstellt, welches die Verteilung der Codes im zeitlichen Verlauf bzw. entlang der Interviewstruktur visualisiert. Die Darstellung unterstützt die Identifikation thematischer Verdichtungen und ermöglicht Rückschlüsse auf typische Abfolge- oder Fokusverschiebungen im Gesprächsverlauf. Das Code-Trend-Diagramm ist in Abbildung 3.5 veranschaulicht.

Im Anschluss an die Codierungen wurden die Segmente paraphrasiert und Summaries angelegt, um bedeutsame Einsichten, auffällige Themencluster sowie erste Fallideen dokumentieren zu können. Die begleitenden Reflexionen flossen in die anschließende Feinanalyse und Ergebnisdarstellung mit ein.

Abbildung 3.4 Codewolke der finalen Kategorien der Inhaltsanalyse. (Eigene Darstellung)

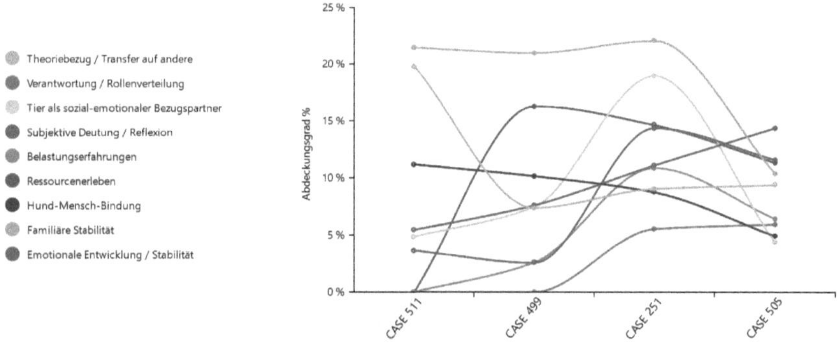

Abbildung 3.5 Code-Trends in Prozent. (Eigene Darstellung)

3.3.6 Qualitätssicherung und Reflexion

Zur Sicherstellung der wissenschaftlichen Güte der qualitativen Analyse wurden verschiedene Strategien der Qualitätssicherung eingesetzt, die sich an den etablierten Kriterien Transparenz, Nachvollziehbarkeit, Perspektivenvielfalt und Reflexivität orientieren (Mayring, 2022, S. 51 f.).

Zur Überprüfung der Verständlichkeit und Praxistauglichkeit des Interviewleitfadens wurden am 01.07.2025 zwei Pilotinterviews mit Personen durchgeführt, die nicht zur Zielgruppe gehörten. Ziel war es, mögliche Unklarheiten, redundante oder wenig ergiebige Fragen zu identifizieren.

Die Gespräche wurden nicht transkribiert oder ausgewertet, sondern dienten ausschließlich der Optimierung des Leitfadens. Auf Basis der erhaltenen Rückmeldungen wurde der Interviewleitfaden sprachlich überarbeitet und inhaltlich gezielt geschärft. Insbesondere im Hinblick auf die Forschungsfrage erfolgten gezielte Anpassungen: So wurde beispielsweise nicht mehr allgemein nach der Kindheit gefragt, sondern explizit der Altersbereich zwischen sechs und zwölf Jahren benannt, um den Fokus klar auf das mittlere Kindesalter zu lenken. Weitere Überarbeitungen schienen nicht nötig.

Ein weiteres Element der Gütesicherung bildete die Intercoderübereinstimmung zur Prüfung der Kategoriensystematik (Mayring, 2022, S. 52). Hierzu wurde ein vollständiges Interviewtranskript zusätzlich von einer zweiten geschulten Person unabhängig codiert. Für die Intercoderübereinstimmung wurde das Transkript von Case 505 herangezogen, da dieses Interview eine inhaltlich differenzierte Darstellung familiärer und emotionaler Erfahrungen sowie vielfältige Aussagen zur Qualität der Mensch-Hund-Beziehung bot.

Die Entscheidung, mit vordefinierten Segmenten zu arbeiten, folgte der methodischen Anforderung der qualitativen Inhaltsanalyse nach Mayring (2022), wonach Codier-übereinstimmungen nur dann reliabel überprüft werden können, wenn sich die zu codierenden Einheiten eindeutig decken (Mayring, 2022, S. 52).

Beide Personen codierten unabhängig voneinander jeden Segmentabschnitt mit den Kategorien, die aus ihrer Sicht zutreffend waren. Die Übereinstimmungen der Codierungen wurden anschließend in einer Vergleichsmatrix dokumentiert, im Hinblick auf Abweichungsgründe reflektiert. Die in die Intercoderübereinstimmung einbezogenen Segmente sind in Tabelle 3.2 aufgeführt.

Die Berechnung der Codierübereinstimmung erfolgte auf Basis teilweiser Übereinstimmung, da das verwendete strukturierende Kategoriensystem Mehrfachcodierungen pro Segment vorsieht. Die Bewertung berücksichtigt somit, ob pro Segment mindestens eine identische Kategorie vergeben wurde.

Tabelle 3.2 Verwendete Segmente für die Intercoderübereinstimmung. (Eigene Darstellung)

1	„In unserer Familie waren immer viele Kinder um mich herum. […] Das Haus war nie leer – es war ständig etwas los.“
2	„Die waren immer schön. […] Es wurde viel herumgetobt und Quatsch gemacht.“
3	„Wir waren gerade aus Amerika nach Deutschland gezogen […] Insgesamt würde ich sagen, dass unser Alltag sehr stabil war.“
4	„Das war unterschiedlich. Für mich persönlich war sie überwiegend gut. […] Auf und Ab.“
5	„Ich glaube, wenn etwas mutiger gewesen wäre […] Aber wenn es um das Sprechen über Probleme ging, war es wechselhaft.“
6	„Ja, wir hatten sogar mehrere Hunde. […] Es war eigentlich immer ein Hund im Haus.“
7	„Der Hund war sehr verschmust. […]. Trotzdem würde ich sagen, dass unsere Bindung sehr gut war.“
8	„Hilfreich war er zum Beispiel dann, wenn mir langweilig war. […] oder gekuschelt.“
9	„Er war ein kleiner Wirbelwind und hat Wasser geliebt. […] Wir sind gemeinsam ruhiger geworden.“
10	„Eindeutig sensibel. […] Das ist heute deutlich besser geworden.“
11	„Ich lasse mich schnell stressen. […] Richtiges Overthinking.“
12	„Wenn ich heruntergefahren bin […] aber meine Gedanken haben es aufgebauscht.“
13	„Instabil war ich vor allem in der Zeit, als sich meine Eltern trennten. […] Ende meiner Ausbildung.“
14	„Was den Hund betrifft, ist das schwer zu sagen. […] Vertrauen in Hunde verloren.“
15	„Ich denke schon. […] Viele positive Erinnerungen an ihn durch spätere negative Erfahrungen überschattet.“

Die Festlegung der Codierübereinstimmung orientierte sich an der Empfehlung Mayrings (2022), den strengsten noch methodisch sinnvollen Übereinstimmungstest anzuwenden (Mayring, 2022, S. 115). Vor diesem Hintergrund wurde eine Mindestüberlappung von 80 % pro Segment definiert. Dieses Kriterium gestattet geringfügige Abweichungen in der Segmentlänge, gewährleistet jedoch, dass ausschließlich inhaltlich und semantisch vergleichbare Codierungen als Übereinstimmung gewertet werden. Auf diese Weise wird ein hohes Maß an methodischer Strenge sichergestellt, ohne die Vergleichbarkeit der Codierungen durch unvermeidbare interpretative Nuancen zu gefährden.

Die Intercoderübereinstimmung zeigte differenzierte Werte zwischen den Kategorien: Bei „B – Familiäre Stabilität", „D – Ressourcenerleben" und „F – Subjektive Deutung / Reflexion" wurde eine Übereinstimmung von 100 % erreicht. Auch bei „A – Emotionale Entwicklung / Stabilität" lag der Übereinstimmungswert mit 85,7 % sehr hoch. Etwas geringer fiel die Übereinstimmung bei „C – Mensch-Hund-Bindung" und „E – Belastungserfahrungen" aus (jeweils 80,0 %). Diese Werte sprechen insgesamt für eine gute Anwendbarkeit und funktionale Differenzierung des Kategoriensystems, auch wenn bei interpretativ mehrdeutigen Aussagen geringe Unterschiede in der Codierung auftraten (in Anlehnung an Mayring, 2022, S. 63).

Diese Diskrepanzen wurden in einem Abgleichgespräch reflektiert und führten zur präzisierenden Überarbeitung der Kodierdefinitionen in der finalen Version des Kategoriensystem. Überarbeitet wurden insbesondere die Abgrenzungen zwischen den Kategorien A, D und F.

3.4 Ethische Überlegungen

Die Durchführung dieser Studie orientierte sich an den ethischen Leitlinien der Deutschen Gesellschaft für Psychologie (DGPS & BDP, 2022, o.S.) sowie den Prinzipien der World Medical Association Deklaration für Forschung am Menschen (WMA, 2025, o.S.).

Im quantitativen Teil der Untersuchung wurde bereits im Online-Fragebogen eine datenschutzkonforme Einwilligungserklärung eingebettet (in Anlehnung an Jensen, 2019, S. 59). Es wurde deutlich gemacht, dass die Teilnahme vollständig anonym erfolgt, freiwillig ist und jederzeit ohne Angabe von Gründen abgebrochen werden kann. Es wurden keine personenbezogenen Daten wie Name, Adresse oder IP-Adressen gespeichert.

Für die qualitative Teilstudie wurde ein besonderer Fokus auf eine verantwortungsvolle und sensible Gesprächsführung gelegt. Zudem wurde auch hier eine Einwilligung gemäß des informed consent eingeholt (in Anlehnung an Döring, 2023, S. 362).

Obwohl ursprünglich nicht erwartet wurde, dass im Rahmen der Interviews überdurchschnittlich stark belastende Kindheitserfahrungen zur Sprache kommen würden, wurde der gesamte Forschungsprozess dennoch vorsorglich so gestaltet, dass auch mit potenziell sensiblen Inhalten professionell und ethisch angemessen umgegangen werden konnte. Die Teilnehmenden, die im Rahmen der Interviews von belastenden Kindheitserfahrungen berichteten, wurden im Anschluss vorsorglich per E-Mail über Hilfsangebote informiert.

Die Hilfsangebote umfassten Kontaktdaten zur Notfallseelsorge sowie die Webseite der Kassenärztlichen Bundesvereinigung, welche rund um die Uhr bei psychischen Belastungssituationen erreichbar sind (Evangelische Notfallseelsorge, o. J., o.S.; Kassenärztliche Bundesvereinigung, 2025, o.S.). Die betroffenen Personen versicherten glaubwürdig, dass sich ihre Aussagen zu selbst- oder fremdbezogener Gewalt sowie zu suizidalen Gedanken auf vergangene Lebensphasen beziehen und seit mehreren Jahren weder Teil ihrer aktuellen Lebenssituation noch akut sind. Deshalb wurde davon abgesehen, weitere Schritte wie die Meldung einer potenziellen Selbst- oder Fremdgefährdung einzuleiten.

Ausgeschlossen wurden sie dennoch aus der qualitativen Analyse, da der thematische Fokus ihrer Erzählungen in wesentlichen Teilen deutlich über den inhaltlichen Rahmen der Forschungsfrage hinausging, dem Schutz der betroffenen Personen diente und eine sachgerechte Einordnung in das gewählte Fallauswahl- und Auswertungskonzept nicht möglich war. Diese Entscheidung orientierte sich an den Berufsethischen Richtlinien der Deutschen Gesellschaft für Psychologie (DGPS) und dem Bundesverband Deutscher Psychologinnen und Psychologen (BDP).

Insbesondere orientierte sich die Entscheidung an den Grundsätzen, dass Psychologinnen und Psychologen stets versuchen, Risiken für Teilnehmende auszuschließen und vernünftigerweise davon ausgegangen werden kann, dass die Teilnahme an der Forschung weder Schaden noch Unbehagen verursacht, die über alltägliche Erfahrungen hinausgehen (DGPS & BDP, 2022, o.S.). Zudem sind Psychologinnen und Psychologen dazu verpflichtet, die Würde und Integrität der teilnehmenden Personen zu wahren, für ihr professionelles Handeln Verantwortung zu übernehmen und möglichst sicherzustellen, dass ihre Dienstleistungen nicht missbraucht werden (DGPS & BDP, 2022, o.S.).

Der sorgfältige und verantwortungsbewusste Umgang mit sensiblen und potenziell belastenden Inhalten hatte im Forschungsprozess einen hohen Stellenwert. Die Entscheidung erfolgte daher nicht nur unter Berücksichtigung der genannten ethischen Leitlinien (DGPS & BDP, 2022, o.S.), sondern auch im Einvernehmen mit der Erstbetreuenden sowie in Rücksprache mit der zuständigen Ethikkommission.

Ergebnisse

4

Im Rahmen der vorliegenden Mixed-Methods-Studie wurden quantitative und qualitative Daten zuerst einzeln und dann integriert analysiert, um den Zusammenhang der retrospektiv berichteten Hundebindung im mittleren Kindesalter und der familiären Stabilität in Bezug auf das Persönlichkeitsmerkmal Neurotizismus im Erwachsenenalter zu untersuchen.

Dabei standen sowohl hypothesengeleitete Analysen als auch explorative und subjektiv deutende Perspektiven im Fokus. Die Ergebnisse werden in drei Abschnitten dargestellt: zunächst die quantitativen Befunde, anschließend die qualitativen Analysen und nachfolgend die integrative Betrachtung beider Datenquellen.

4.1 Quantitative Ergebnisse

Im quantitativen Teil der Untersuchung wurden hypothesenprüfende Analysen durchgeführt, um mögliche Zusammenhänge zwischen der Hundehaltung im mittleren Kindesalter, der retrospektiv berichteten familiären Stabilität, Hundebindung und der späteren emotionalen Instabilität zu identifizieren. Ziel war es, sowohl direkte Haupteffekte als auch potenzielle Moderationseffekte zu prüfen. Dabei wurden zunächst deskriptive Statistiken und Korrelationen berechnet, um die Verteilung und erste Zusammenhänge der erhobenen Variablen einzuschätzen. In einem zweiten Schritt erfolgten inferenzstatistische Prüfungen zur Überprüfung der aufgestellten Hypothesen, insbesondere in Form von Gruppenvergleichen und moderierten Regressionsanalysen.

A. C. Misral, *Der Zusammenhang zwischen dem Aufwachsen mit Hund und emotionaler Instabilität im Erwachsenenalter*, BestMasters,
https://doi.org/10.1007/978-3-658-50936-1_4

4.1.1 Deskriptive Statistiken

Zur Einschätzung der Verteilungseigenschaften wurden Mittelwerte und Standardabweichungen für alle Items der drei verwendeten Skalen berechnet.

Die Skala zur familiären Stabilität in der Kindheit zeigte Mittelwerte im Bereich von $M = 2{,}85$ bis $M = 3{,}63$. Die Standardabweichungen lagen zwischen $SD = 1{,}1$ und $SD = 1{,}4$, was auf eine moderate Streuung hinweist. Das Item mit dem niedrigsten Mittelwert war A101_06 („In meiner Familie kam es eher selten zu Spannungen oder lautstarken Diskussionen"), was auf ein verhältnismäßig häufig berichtetes Konflikterleben innerhalb der Familien hindeuten könnte. Insgesamt sprechen die Werte für eine mittlere Ausprägung der familiären Stabilität und eine differenzierte Nutzung der Skala durch die Teilnehmenden.

Die retrospektive Bewertung der Bindung zum Hund zeigte sehr hohe Mittelwerte in nahezu allen Items. Die Standardabweichungen bewegten sich größtenteils im Bereich von $SD = 0{,}5$ bis 0,7, was auf eine sehr geringe Streuung und damit eine homogene, stark positive Bewertung der Hundebindung hindeutet.

Die Items zur Erfassung von Neurotizismus wiesen Mittelwerte zwischen $M = 2{,}87$ und $M = 3{,}96$ auf. Die Standardabweichungen lagen überwiegend über 1, was auf eine gute Varianz innerhalb der Antworten hinweist (in Anlehnung an Döring, 2023, S. 454). Die Verteilung spricht für eine solide Differenzierung, wodurch sich die Skala gut für Gruppenvergleiche und Regressionsanalysen eignet.

Insgesamt zeigen alle drei Skalen plausible Verteilungsmuster. Während die Skalen zu familiärer Stabilität und Neurotizismus differenziert genutzt wurden, weist die retrospektive Hundebindungsskala auf eine ausgesprochen positiv verzerrte Wahrnehmung hin. Diese Befunde sind in retrospektiven Studien nicht unüblich (Mitchell et al., 1997, S. 421). Es traten keine auffälligen Ausreißer oder anderweitige Probleme in der Itemverteilung auf.

Von den 193 Teilnehmenden waren 173 (89,6 %) weiblich und 20 Personen (10,4 %) männlich. Keine der befragten Personen wählte die Optionen „divers" oder „keine Angabe". Damit weist die Stichprobe eine starke Überrepräsentation von weiblichen Teilnehmenden auf.

Die Teilnehmenden waren zwischen 18 und 64 Jahre alt ($N = 193$, $M = 25{,}07$, $SD = 10{,}41$). Zur besseren Übersicht wurden die Altersangaben in fünf Gruppen unterteilt. Die Gruppe der 18- bis 24-Jährigen machte 15,5 % der Stichprobe aus, während der größte Anteil mit 37,8 % auf die 25- bis 34-Jährigen entfiel. 21,8 % der Befragten gehörten zur Altersgruppe der 35- bis 44-Jährigen, weitere 11,9 % waren zwischen 45 und 54 Jahre alt. Der Anteil der Teilnehmenden ab 55 Jahren lag bei 13,0 %. Insgesamt ist die Stichprobe somit vorwiegend durch junge bis mittelalte Erwachsene geprägt, wobei ältere Personen ab 55 Jahren vergleichsweise unterrepräsentiert sind.

Auch der Bildungsstand der Teilnehmenden wurde erhoben. Die Mehrheit der Befragten verfügte über einen mittleren Bildungsabschluss: 27,5 % gaben an, die Realschule bzw. die mittlere Reife abgeschlossen zu haben. Weitere 25,4 % verfügten über (Fach-)Abitur. Etwa ein Fünftel der Befragten (19,7 %) hatte einen Bachelorabschluss oder einen vergleichbaren akademischen Abschluss, während 18,1 % einen Master-, Diplom- oder Staatsexamensabschluss angaben. Promotionen wurden von 1,6 % genannt, und 2,6 % der Teilnehmenden wählten die Kategorie „Sonstiger Abschluss“. 5,2 % hatten einen Hauptschulabschluss, während keine Person angab, keinen Schulabschluss zu besitzen. Die Daten zeigen damit ein insgesamt hohes Bildungsniveau der Stichprobe, mit einem Schwerpunkt im Bereich Fachhochschulreife bis Hochschulabschluss.

Zusätzlich wurde erhoben, ob die Teilnehmenden in ihrer Kindheit mit beiden Elternteilen zusammengelebt haben. Die Mehrheit der Befragten (73,6 %) gab an, dass sie mit beiden Elternteilen zusammengelebt hat. 19,2 % wuchsen bei getrenntlebenden Eltern auf, während 6,7 % angaben, dass das Zusammenleben teils wechselnd war. Eine Person (0,5 %) konnte hierzu keine sichere Angabe machen.

Darüber hinaus wurde erfasst, ob die Teilnehmenden im mittleren Kindesalter, also im Alter zwischen sechs und zwölf Jahren, mit einem Hund zusammengelebt haben. Dabei zeigte sich eine nahezu gleichmäßige Verteilung: 51,8 % der Befragten berichteten, in diesem Lebensabschnitt mit einem Hund im gemeinsamen Haushalt gelebt zu haben, während 48,2 % angaben, in diesem Alter nicht mit einem Hund aufgewachsen zu sein.

Ergänzend zu den deskriptiven Auswertungen wurden zur ersten Einschätzung potenzieller Zusammenhänge zwischen den Variablen Pearson-Korrelationen berechnet.

Es zeigte sich ein signifikanter negativer Zusammenhang zwischen familiärer Stabilität und Neurotizismus, $r(191) = -.24$, $p < .001$. Personen, die ihre familiäre Umgebung in der Kindheit als stabiler beschrieben, berichteten tendenziell geringere Ausprägungen von emotionaler Instabilität im Erwachsenenalter.

Zwischen der retrospektiv eingeschätzten Hundebindung und Neurotizismus zeigte sich kein signifikanter Zusammenhang, $r = .04$, $p = .727$. Ebenso war der Zusammenhang zwischen Hundebindung und familiärer Stabilität nicht signifikant, $r = -.05$, $p = .623$.

Diese Ergebnisse deuten darauf hin, dass insbesondere die familiäre Stabilität eine bedeutende Rolle spielt, während die Hundebindung keine direkte statistische Beziehung zu den Zielvariablen aufweist.

4.1.2 Hypothese 1

Zur Überprüfung der ersten Hypothese, „Erwachsene, die im mittleren Kindesalter mit einem Hund aufgewachsen sind, zeigen signifikant geringere Ausprägungen von emotionaler Instabilität (Neurotizismus) im Vergleich zu Personen ohne Hund in dieser Lebensphase“, wurde ein *t*-Test für unabhängige Stichproben durchgeführt. Dabei wurde geprüft, ob sich Personen, die im mittleren Kindesalter mit einem Hund aufgewachsen sind, hinsichtlich ihres Neurotizismus im Erwachsenenalter von Personen ohne Hundehaltung in dieser Lebensphase unterscheiden. Die entsprechenden Mittelwerte sind in Abbildung 4.1 dargestellt.

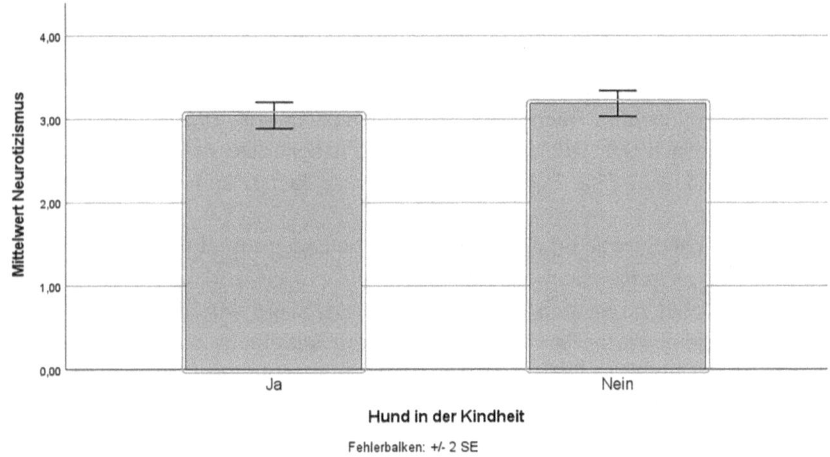

Abbildung 4.1 Mittelwerte des Neurotizismus bei Personen mit und ohne Hundehaltung im mittleren Kindesalter. (Eigene Darstellung)

Die Gruppe mit Hund in der Kindheit ($n = 100$) wies einen mittleren Neurotizismuswert von $M = 3.12$ ($SD = 0.91$) auf, während die Gruppe ohne Hund ($n = 93$) einen Mittelwert von $M = 3.29$ ($SD = 0.85$) zeigte. In beiden Gruppen liegt eine Normalverteilung vor (Mit Hund in der Kindheit: $W = .986$, $p = .388$; ohne Hund in der Kindheit: $W = .984$, $p = .319$). Der Levene-Test zur Prüfung der Varianzhomogenität war nicht signifikant, sodass die Varianzgleichheit angenommen werden konnte. Der *t*-Test ergab keinen signifikanten Unterschied zwischen den Gruppen, $t(191) = -1.30, p = .194$. Die berechnete Effektstärke nach Cohen lag bei $d = -0.19$, was einem kleinen Effekt entspricht.

Zwar zeigte sich eine geringe Tendenz zu niedrigerem Neurotizismus bei Personen mit Hundehaltung in der Kindheit, dieser Unterschied war jedoch statistisch nicht signifikant und praktisch nur schwach ausgeprägt. Somit konnte Hypothese 1 nicht bestätigt werden.

4.1.3 Hypothese 2

In der zweiten Hypothese wurde die Annahme formuliert, dass die retrospektiv berichtete Qualität der Bindung zum Hund den Zusammenhang zwischen einer Hundehaltung im Kindesalter und der Ausprägung von Neurotizismus im Erwachsenenalter moderiert. Diese Moderationsanalyse konnte jedoch methodisch nicht im vorgesehenen Umfang umgesetzt werden, da die selbsterstellte Skala zur Hundebindung (in Anlehnung an MDORS, Dwyer et al., 2006, S.251) ausschließlich von jenen Teilnehmenden ausgefüllt wurde, die angaben, in ihrer Kindheit mit einem Hund aufgewachsen zu sein. Für die Teilnehmenden ohne Hund lagen daher keine Werte für den Moderator vor.

Da Hundebindung nur innerhalb der Hundehaltungsgruppe erhoben wurde, war der Prädiktor Hund in der Kindheit: ja/nein im Analysemodell konstant und konnte somit keine Varianz zur Erklärung des Interaktionsterms beitragen. Eine reguläre Moderationsanalyse über beide Gruppen hinweg war daher methodisch nicht durchführbar.

Stattdessen wurde eine einfache lineare Regression innerhalb der Hundegruppe durchgeführt. Der Zusammenhang zwischen retrospektiver Hundebindung und Neurotizismus ist in Abbildung 4.2 dargestellt. Die Analyse ergab keinen signifikanten Zusammenhang zwischen retrospektiver Hundebindung und Neurotizismus ($B = 0.057$, $\beta = .035$, $p = .727$), wobei das Modell insgesamt nur 0.1 % der Varianz im Neurotizismus erklären konnte ($R^2 = .001$). Hypothese 2 gilt deshalb als abgelehnt.

4.1.4 Hypothese 3

Zur Überprüfung der dritten Hypothese, dass der Zusammenhang zwischen dem Aufwachsen mit einem Hund im mittleren Kindesalter und emotionaler Instabilität im Erwachsenenalter durch die familiäre Stabilität moderiert wird, wurde eine Moderationsanalyse mittels multipler linearer Regression durchgeführt.

Zunächst wurde eine Kollinearitätsdiagnose durchgeführt. Zur Reduktion potenzieller Multikollinearität wurde die Moderatorvariable „familiäre Stabilität“

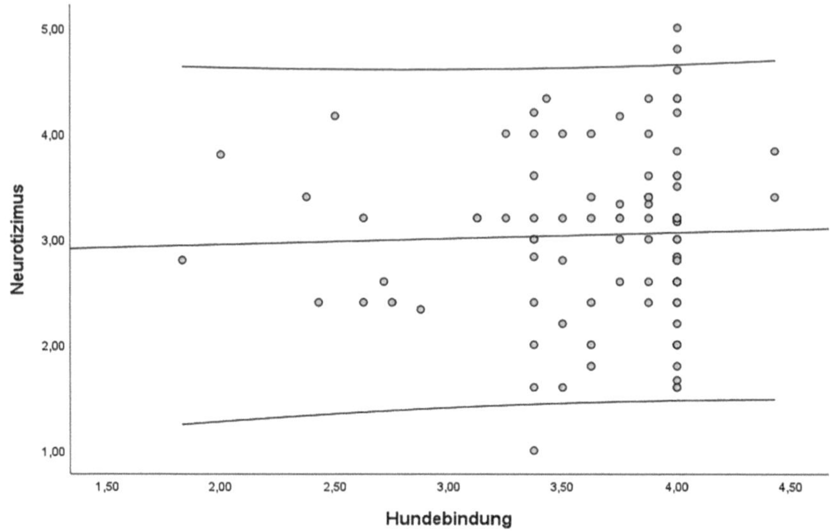

Abbildung 4.2 Streudiagramm mit Regressionslinie zur Darstellung des Zusammenhangs zwischen der retrospektiven Bindung zum Hund und Neurotizismus bei Personen, die im mittleren Kindesalter mit einem Hund aufgewachsen sind. (Eigene Darstellung)

zuvor zentriert. Der Interaktionsterm wurde durch Multiplikation der zentrierten Stabilitätsvariable mit der dichotomen Variable zur Hundehaltung erstellt. Die Kollinearitätsdiagnose ergab keine kritischen Hinweise auf Multikollinearität: Die Konditionsindizes lagen unter dem Schwellenwert von 10 (maximaler Wert: 6.13), und erhöhte Varianzanteile traten erwartungsgemäß nur zwischen dem Interaktionsterm und dem zentrierten Prädiktor auf.

In das Regressionsmodell wurden die Hauptprädiktoren Hund in der Kindheit: Ja, familiäre Stabilität sowie der Interaktionsterm Hund in der Kindheit: Ja $\times$ familiäre Stabilität aufgenommen. Das Zusammenspiel von Hundehaltung und familiärer Stabilität in Bezug auf Neurotizismus ist in Abbildung 4.3 dargestellt. Das Gesamtmodell erklärte 7,2 % der Varianz in der abhängigen Variable Neurotizismus ($R^2 = .072$) und war signifikant, $F(3, 189) = 4.91$, $p = .003$. Allerdings war keiner der einzelnen Prädiktoren im Modell statistisch signifikant, sodass insbesondere kein signifikanter Moderationseffekt durch die Interaktion festgestellt werden konnte.

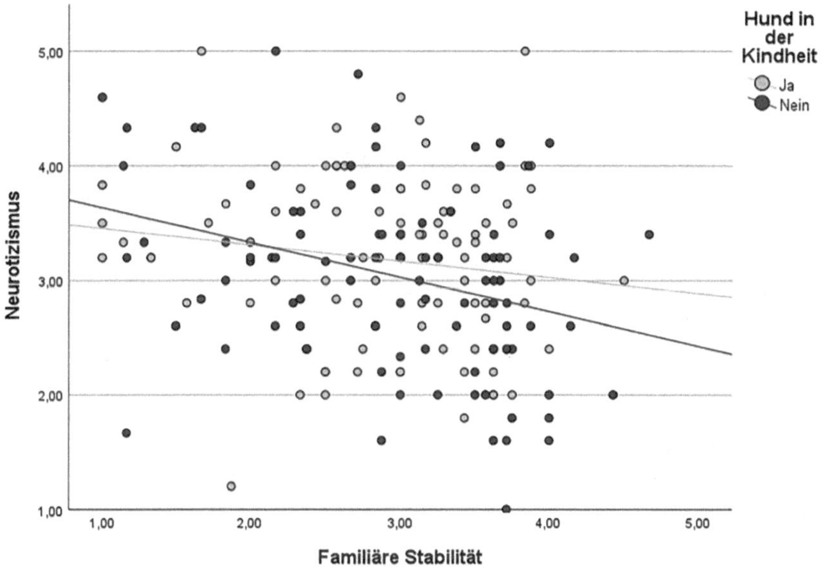

Abbildung 4.3 Streudiagramm mit Regressionsflächen zur Darstellung des Zusammenspiels von Hundehaltung und familiärer Stabilität in Bezug auf Neurotizismus. (Eigene Darstellung)

Tabelle 4.1 Ergebnisse der multiplen linearen Regression zur Moderation durch familiäre Stabilität. (Eigene Darstellung)

Prädiktor	*B*	*SE*	*ß*	*p*
Hund in der Kindheit: ja	0.341	0.412	.223	.408
Familiäre Stabilität	–0.142	0.101	–.147	.161
Interaktion: Hund in der Kindheit × Familiäre Stabilität	–0.161	0.136	–.333	.238

Ein signifikanter Interaktionseffekt konnte nicht festgestellt werden, sodass Hypothese 3 als nicht bestätigt gilt. Die Ergebnisse legen nahe, dass die retrospektiv berichtete familiäre Stabilität nicht moderierend auf den Zusammenhang zwischen einer Hundehaltung im Kindesalter und emotionaler Instabilität im Erwachsenenalter wirkt. Die Ergebnisse der multiplen linearen Regression sind in Tabelle 4.1 dargestellt.

4.1.5 Identifikation kontrastierender Fälle zur qualitativen Weiterverarbeitung

Zur gezielten Fallauswahl wurde in SPSS zunächst eine Fallselektion durchgeführt, bei der nur jene Personen mit Interviewbereitschaft in die weitere Analyse einbezogen wurden. Anschließend wurde innerhalb dieser Teilgruppe nach extremen Ausprägungen im Neurotizismus gesucht. Ziel war es, durch eine bewusste Kontrastierung zwischen sehr stabilen und sehr instabilen Personen im Sinne der Varianzmaximierung (Strübing, 2013, S. 192) möglichst unterschiedliche Perspektiven auf das Zusammenspiel von familiärer Stabilität, Hundebindung und Neurotizismus zu erfassen.

Dazu wurde die Datenansicht in SPSS sowohl aufsteigend als auch absteigend nach Neurotizismuswerten sortiert, um Teilnehmende mit besonders niedrigen bzw. besonders hohen Werten zu identifizieren. Ergänzend wurden Informationen zur Hundehaltung im mittleren Kindesalter (Hund in der Kindheit: ja), zur familiären Stabilität in der Kindheit sowie zur Qualität der Mensch-Hund-Bindung herangezogen.

Unter Abschnitt 3.3.2 Stichprobe und Fallauswahl wurde genauer auf Ein- und Ausschlusskriterien sowie die Zahlen der Rückmeldung eingegangen. Auf dieser Grundlage wurden letztendlich vier Interviewpersonen für die qualitative Forschung einbezogen. Die Merkmale der verschiedenen Fälle sind in Tabelle 4.2 zusammengefasst.

Tabelle 4.2 Interviewpersonen. (Eigene Darstellung)

CASE	Neurotizismus	Hundehaltung	Familiäre Stabilität	Hundebindung
505	4.20	Ja	4.00	3.38
251	3.40	Ja	3.00	3.88
511	2.80	Ja	3.00	1.83
499	2.20	Ja	2.88	4.00

CASE 505 weist mit einem Neurotizismuswert von 4.20 eine deutlich überdurchschnittliche Ausprägung auf, was auf eine erhöhte emotionale Instabilität hinweist. Die betreffende Person wuchs mit einem Hund auf und berichtete im Fragebogen sowohl von einer hohen familiären Stabilität (4.00) als auch von einer moderat ausgeprägten emotionalen Bindung zum Tier (3.38). CASE 251 weist mit einem Neurotizismuswert von 3.40 ebenfalls eine leicht erhöhte Ausprägung auf. Die familiäre Stabilität wurde in diesem Fall mit 3.00 angegeben, die Bindung zum Hund mit 3.88.

CASE 511 (2.80) und CASE 499 (2.20) hingegen zeigen eher niedrigere Neurotizismus-werte auf und lassen sich entsprechend einer emotional stabileren Gruppe zuordnen. Beide gaben an, in ihrer Kindheit mit einem Hund gelebt zu haben. Die familiäre Stabilität wurde mit 3.00 (CASE 511) bzw. 2.88 (CASE 499) eingeschätzt. Hinsichtlich der emotionalen Bindung zum Tier zeigen sich deutliche Unterschiede: Während CASE 511 eine sehr geringe Bindung angibt (1.83), beschreibt CASE 499 eine sehr starke emotionale Nähe zum Hund (4.00).

4.2 Qualitative Ergebnisse

Ergänzend zu den quantitativen Analysen wurden im Sinne eines Mixed-Methods-Ansatzes auch qualitative Daten ausgewertet, um subjektive Perspektiven und individuelle Erfahrungsdimensionen zum Aufwachsen mit einem Hund im mittleren Kindesalter sichtbar zu machen. Ziel war es, vertiefende Einsichten in jene Prozesse zu gewinnen, die möglicherweise zur Entwicklung emotionaler (In-)Stabilität im Erwachsenenalter beitragen, insbesondere im Kontext von Bindungserfahrungen, familiärer Dynamik und persönlichen Deutungsmustern.

Durch die systematische Auswertung der narrativen Fallberichte konnten unterschiedliche Themenbereiche identifiziert werden, die über die quantitativen Befunde hinaus-gehende Aspekte beleuchten: zum Beispiel das Tier als emotionaler Bezugspunkt, subjektives Belastungserleben oder Prozesse der biografischen Reflexion.

Im Folgenden werden die Ergebnisse entlang der identifizierten Kategorien dargestellt und exemplarisch mit Originalzitaten aus dem Datenmaterial veranschaulicht. Ziel ist es, ein vielschichtiges Bild der individuellen Erlebens- und Deutungsprozesse zu zeichnen, das die quantitative Datengrundlage sinnvoll ergänzt und erweitert.

4.2.1 Emotionales Erleben im Erwachsenenalter

Das emotionale Erleben der interviewten Personen im Erwachsenenalter gestaltet sich vielschichtig und individuell. Obwohl sie alle in ihrer Kindheit mit einem Hund aufgewachsen sind, zeigen sich in Bezug auf ihre heutige emotionale

Stabilität teils deutliche Unterschiede. Die Aussagen lassen sich keiner eindeutigen Typisierung zuordnen, sondern zeichnen sich durch persönliche Muster aus, die auf Kontinuitäten, Brüche oder kompensatorische Entwicklungen zwischen Kindheit und Erwachsenenalter hinweisen.

Im Fall 511 beschreibt die befragte Person ihre aktuelle emotionale Verfassung als grundsätzlich stabil. Sie erlebt sich überwiegend als gefestigt, zeigt jedoch in belastenden Situationen eine Tendenz zum Rückzug und zum „Dichtmachen". Diese Form der Emotionsregulation ist funktional und dient der Selbstberuhigung, wirkt jedoch eher distanzierend und wenig interaktiv. Auffällig ist, dass diese Strategien nicht mit einem erlebten Mangel in der mittleren Kindheit begründet werden.

Im Fall 505 zeichnet sich ein ambivalentes Bild emotionaler Stabilität. Die familiäre Atmosphäre wurde in der mittleren Kindheit überwiegend positiv erlebt, mit punktuellen Spannungen in der Pubertät, die eher auf intrapersonale als auf strukturelle Instabilität zurückzuführen sind. Emotional beschreibt sich die Befragte heute als sensibel und schnell überreizbar, wobei sie betont, mittlerweile besser mit intensiven Gefühlen umgehen zu können. Früher sei sie „sehr schnell und heftig emotional geworden", habe jedoch rasch wieder zur Ruhe gefunden. Diese Form der Emotionsregulation weist auf eine gewisse Impulsivität hin, die im Erwachsenenalter zunehmend reflektiert und bearbeitet wird. Auffällig ist das beschriebene „Overthinking" in Belastungssituationen, das jedoch oft durch bewusste Selbstregulationstechniken kompensiert wird. Die interviewte Person benennt den Auszug von zu Hause als Wendepunkt für ihre emotionale Stabilisierung. Defizite aus der mittleren Kindheit heraus in der Emotionsregulation lassen sich auf Basis des Interviews nicht eindeutig feststellen, vielmehr erscheint die emotionale Entwicklung durch spätere familiäre Belastungen (z. B. elterliche Trennung und psychische Erkrankungen der Eltern) herausgefordert worden zu sein.

In Fall 499 beschreibt die befragte Person eine weitgehend ausgeglichene emotionale Gegenwart, die sich durch funktionale Emotionsregulation und eine reflektierte Selbstwahrnehmung auszeichnet. Obwohl sie in der Kindheit wiederholt mit elterlichen Konflikten und emotional belastenden Situationen konfrontiert war, gelang es ihr, durch Rückzug und familiäre Schutzfaktoren, insbesondere die stabilen Bindungen zur Mutter, Schwester und zum Hund, emotionale Sicherheit zu entwickeln. Die interviewte Person beschreibt sich selbst als „überwiegend ausgeglichen", bei gleichzeitiger Sensibilität in angespannten Situationen. Ihre Emotionsverarbeitung erfolgt über Dialogbereitschaft, Rückzug in belastenden Momenten sowie das bewusste Suchen von Ausgleich. Diese Merkmale sprechen für eine strukturierte affektive Selbstregulation.

Fall 251 zeichnet ein vielschichtiges Bild emotionaler Entwicklung unter Bedingungen gleichzeitiger Sicherheit und emotionaler Eigenverantwortung. Die befragte Person beschreibt ihre Kindheit als strukturell stabil und weitgehend positiv, die gleichzeitig aber von einem Gefühl des „Funktionieren-Müssens“ geprägt ist. Dieser Aspekt deutet auf ein hohes Maß an Selbstregulation und Selbstverantwortung hin. Die emotionale Distanz der Mutter sowie die berufsbedingte Abwesenheit beider Eltern führten zu häufigen Phasen der Einsamkeit, die von der befragten Person jedoch nicht primär als defizitär, sondern als prägend für ihre heutige Autonomie beschrieben werden. Besonders bedeutsam war in diesem Zusammenhang die kontinuierliche Bindung zu ihrem Hund, der als „Geschwisterersatz“ und emotionale Konstante fungierte. Er diente als Ankerfigur, Zuhörer und Spiegel emotionaler Zustände, gerade in Phasen familiärer Belastung, wie etwa der späteren Trennung der Eltern.

Die befragte Person beschreibt sich heute zusätzlich als situativ sensibel, jedoch grundsätzlich gefestigt. Ihre Fähigkeit zur Selbstberuhigung und emotionalen Stabilisierung führt sie ausdrücklich auf die kindlichen Erfahrungen emotionaler Eigenverantwortung zurück: sowohl im Umgang mit sich selbst als auch im feinfühligen Umgang mit ihrem Hund. Diese Form der kompensatorischen Entwicklung kann als gelungene Anpassungsleistung gewertet werden. Die reflektierte Nutzung von Strategien wie Rückzug, Bewegung (z. B. Spaziergänge) und tiergestützte Selbstregulation im Erwachsenenalter unterstreicht die Kontinuität entwickelter Bewältigungskompetenzen.

In der Gesamtschau zeigt sich, dass emotionale Stabilität im Erwachsenenalter von den Befragten höchst unterschiedlich erlebt und begründet wird. Das Spektrum reicht von punktueller Überforderung und innerer Unruhe bis hin zu reflektiver Emotionsverarbeitung und einem stark ausgeprägten Gefühl von Selbstwirksamkeit. Kindliche Entwicklungsbedingungen, einschließlich familiärer Strukturen und der Beziehung zum Hund, werden dabei teils explizit, teils implizit als bedeutsam erinnert, wobei sich deren Einfluss in sehr unterschiedlicher Form manifestiert. In einigen Fällen fungierte der Hund als emotionaler Ausgleich bei fehlender elterlicher Präsenz, in anderen als Verstärker bereits vorhandener Sicherheitsgefühle. Bei einer Person scheint der Hund kaum einen Einfluss auf die emotionale Stabilität gehabt zu haben.

Diese individuellen Einzelfallbefunde liefern erste Hinweise auf potenzielle Zusammenhänge zwischen Beziehungserfahrungen in der Kindheit und späterer Emotionsregulation. Sie erlauben jedoch keine generalisierbaren Aussagen. Vielmehr verdeutlichen sie, wie subjektiv, kontextabhängig und unterschiedlich emotionales Erleben interpretiert, verarbeitet und biografisch verankert wird.

4.2.2 Familiäre Stabilität und Mensch-Hund-Beziehung

In allen Interviews wurden sowohl die familiären Rahmenbedingungen der Kindheit als auch die Qualität der Beziehung zum Hund ausführlich thematisiert. Beide Bereiche erscheinen dabei eng miteinander verwoben und lassen sich nur im Zusammenspiel vollständig erfassen. Während einige Interviewte ihre Familie als stabilen Rückhalt schildern, berichten andere von konflikthaften Dynamiken, emotionaler Distanz oder mangelnder Verfügbarkeit elterlicher Bezugspersonen. In beiden Kontexten wurde der Hund in der Hälfte der Interviews nicht bloß als Haustier beschrieben, sondern zum Teil als bedeutsamer Beziehungspartner, insbesondere in emotional belasteten familiären Situationen.

Im Fall 511 wird die Kindheit von der befragten Person als emotional stabil und familiär verlässlich beschrieben. Die familiäre Atmosphäre, insbesondere im Haushalt der Großeltern, war durch Normalität, Sicherheit und einen starken innerfamiliären Zusammenhalt geprägt. Obwohl die Eltern in dieser Phase aufgrund beruflicher Herausforderungen nur eingeschränkt präsent waren, wurde dies von der befragten Person nicht als belastend empfunden. Vielmehr wirkten die Großeltern als konstante und emotional tragfähige Bezugspersonen.

Die Beziehung zum Hund hingegen spielte in dieser Zeit eine eher untergeordnete Rolle. Zwar war das Tier als Teil des Haushalts präsent, doch beschreibt die befragte Person die Bindung rückblickend als eher distanziert und wenig emotional bedeutsam. Es gab keine intensive Interaktion oder tröstliche Funktion. Die Beziehung war funktional, aber ohne starke Bindung. In diesem Fall lässt sich somit keine Wirkung durch die Beziehung zum Hund erkennen; die familiäre Stabilität wurde maßgeblich über menschliche Bezugspersonen sichergestellt.

Im Fall 505 wird das familiäre Umfeld in der Kindheit als grundsätzlich stabil und verlässlich beschrieben. Die interviewte Person erinnert eine lebendige, teils laute, aber positiv besetzte Atmosphäre mit vielen Bezugspersonen und klaren Alltagsstrukturen. Auch wenn sie rückblickend eine gewisse emotionale Zurückhaltung im Familiensystem thematisiert, insbesondere im Hinblick auf offene Gespräche über persönliche Belastungen, berichtet sie nicht von familiärer Instabilität oder Vernachlässigung. Vielmehr deutet sie an, dass es ihr selbst an Mut und Offenheit mangelte, um familiäre Unterstützung aktiv einzufordern.

Die Beziehung zum Hund wird als emotional positiv, jedoch nicht als kompensatorisch beschrieben. Der Hund habe eine beruhigende Wirkung gehabt und sei in bestimmten Situationen, etwa bei innerer Anspannung, ein emotionaler Anker gewesen. Dennoch erscheint die Bindung eher begleitend. Spätere Erfahrungen mit einem anderen Hund, insbesondere dessen aggressives Verhalten nach familiären Krisen, führten zeitweise zu einem Vertrauensverlust, der das Bild tierischer

Beziehungen ambivalent färbt. Insgesamt wird der Hund nicht als Beziehungsersatz, wohl aber als temporäre emotionale Ressource im familiären Kontext erlebt.

In Fall 499 zeigt sich ein differenziertes Bild familiärer Stabilität. Die interviewte Person beschreibt ihre Kindheit als strukturell geordnet und von stabilen Alltagsritualen geprägt, jedoch emotional ambivalent, insbesondere durch die konflikthafte Beziehung zwischen den Eltern, die sie zeitweise als belastend und überfordernd empfand. Schutz und emotionale Sicherheit erlebte sie vor allem durch die enge Bindung zur Mutter, zur Schwester und in besonderem Maße zum Hund.

Der Hund wird dabei nicht als kompensatorische Figur im engeren Sinne beschrieben, sondern als emotionale Konstante, die durch tägliche Präsenz, Nähe und Reaktionsfähigkeit Stabilität vermittelte. Besonders in Phasen familiärer Anspannung diente er als Rückzugs- und Bezugspunkt für die Kinder. Die interviewte Person schildert eine enge Bindung, die sie als tröstlich und unterstützend empfand. Die Beziehung zum Hund erscheint somit als integraler Bestandteil des familiären Stabilitätserlebens, nicht überhöht, aber klar bedeutungsvoll im Sinne einer ergänzenden emotionalen Ressource.

Auch im Fall 251 zeigt sich eine komplexe Konstellation zwischen familiärer Stabilität und emotionaler Eigenverantwortung. Die befragte Person beschreibt ihre Kindheit als strukturell sicher, jedoch durch elterliche Abwesenheit und hohe Anforderungen an Selbstständigkeit geprägt. Besonders das wiederkehrende Gefühl, „funktionieren zu müssen", in Verbindung mit einer emotional eher distanzierten Mutter, führte zu Gefühlen von Einsamkeit und innerer Zurückhaltung. Der Vater hingegen wird als emotional offen und zugewandt erinnert, war jedoch aufgrund seiner Arbeit häufig nicht verfügbar.

Vor diesem Hintergrund nahm der Hund eine starke Rolle im emotionalen Erleben der befragten Person ein. Sie beschreibt die Beziehung als intensiv, konstant und persönlich als Ausdruck von Nähe, Trost und stiller Verständigung. Der Hund wurde als verlässlicher Rückhalt erlebt, gerade in Momenten emotionaler Belastung oder fehlender menschlicher Ansprechbarkeit. Die interviewte Person hebt hervor, dass sie beim Hund Gefühle zeigen konnte, die sie gegenüber ihren Eltern nicht äußern wollte. Dies deutet auf einen Umstand hin, der auf eine kompensatorische Funktion im Sinne einer sekundären Bindung hinweist. Das Erleben von bedingungsloser Akzeptanz und nonverbaler Resonanz verlieh der Mensch-Hund-Beziehung laut der befragten Person eine besondere emotionale Qualität, die über bloße Zuwendung hinausging.

Bei gemeinsamer Betrachtung der Fälle wird deutlich, dass familiäre Stabilität und die Qualität der Mensch-Hund-Bindung in einem dynamischen Wechselverhältnis stehen. Während in einigen Fällen die familiären Strukturen als verlässlich erlebt wurden (Fall 511 und 505), zeigen andere Konstellationen (Fall 251 und 499) eine emotionale Ambivalenz oder zeitweilige Überforderung, etwa durch elterliche Abwesenheit oder konflikthafte Beziehungserfahrungen.

In diesem Kontext übernimmt die Beziehung zum Hund unterschiedliche Funktionen: In Fall 251 beispielsweise fungiert der Hund als emotional potenziell tragfähiger Ersatz für nicht verfügbare Bezugspersonen und erfüllt bindungsähnliche Aufgaben. In Fall 499 wird er als verlässliche Ergänzung innerhalb eines teilweise belasteten Familiensystems beschrieben. In stabileren Kontexten, wie Fall 511, bleibt die Tierbindung hingegen peripher. Fall 505 nimmt dabei eine Zwischenposition ein: Der Hund wird als unterstützend erlebt, ohne jedoch eine ansatzweise kompensatorische Rolle zu übernehmen.

Besonders die Aussagen, die den Hund als sozial-emotionale Bezugsperson kennzeichnen, verdeutlichen die subjektiv intensiv erlebte Bindungsqualität in bestimmten familiären Konstellationen. Diese Befunde legen nahe, dass sowohl familiäre Stabilität als auch die Qualität der Tierbindung potenziell moderierende Faktoren im Zusammenhang zwischen Kindheitserleben und emotionaler Entwicklung im Erwachsenenalter darstellen. Vor allem in Kontexten emotionaler Einsamkeit oder eingeschränkter elterlicher Responsivität scheint eine stabile, emotional verlässliche Beziehung zum Hund eine kompensatorische und stabilisierende Wirkung entfalten zu können.

4.2.3 Funktionale Aspekte: Belastung, Ressourcen und Verantwortung

Im Fall 511 spielt die Beziehung zum Hund im Alltag der Kindheit eine untergeordnete Rolle. Die interviewte Person beschreibt die gemeinsame Zeit mit dem Tier als „normal“, ohne dass sich daraus besondere emotionale, regulative oder entlastende Funktionen ergeben hätten. Weder im Hinblick auf Trost, Rückhalt oder Alltagsstruktur wird dem Hund eine besondere Bedeutung zugeschrieben. Auch eine Förderung der Verantwortungsübernahme, etwa durch regelmäßige Pflichten im Umgang mit dem Tier, wird nicht geschildert. Belastungserleben im Zusammenhang mit dem Hund wird ebenfalls verneint. Die Mensch-Hund-Beziehung erscheint in diesem Fall funktional integriert, aber weder als Ressource noch als relevante Entwicklungsaufgabe wirksam.

Im Fall 505 zeigt sich die Mensch-Hund-Beziehung als ambivalente emotionale Ressource mit funktionalem Doppelcharakter: einerseits als Ruhepol und emotionale Entlastung, andererseits als mitverantwortungsbehaftete Alltagspflicht. Die interviewte Person erinnert ihr mittleres Kindesalter grundsätzlich als strukturiert und emotional positiv, jedoch mit Einschränkungen in der kommunikativen Offenheit im Familiensystem. In diesem Kontext wird die Beziehung zum Hund als stabilisierend erlebt. Besonders in Momenten emotionaler Anspannung bot der Hund eine niederschwellige Möglichkeit zur emotionalen Regulation, zum Beispiel durch Nähe, Spiel oder Rücksichtnahme auf das Tier bei eigener innerer Anspannung. Hier erscheint der Hund nicht als Belastung, sondern als emotional anschlussfähige Instanz, die eine Art Selbstregulation durch Rücksichtnahme und Perspektivübernahme förderte.

In der späteren Jugend veränderte sich die funktionale Rolle des Hundes: Die Verantwortung, besonders im Kontext alltäglicher Aufgaben wie Gassigehen, wurde zunehmend als mühsam empfunden. Mit dem Einzug des zweiten Hundes kam es darüber hinaus zu einschneidenden, teils belastenden Erlebnissen. Insbesondere das aggressive Verhalten des Hundes nach familiären Krisen, einschließlich Beißvorfällen, führte zu einem zeitweiligen Vertrauensverlust und Verunsicherung. Diese negativen Erfahrungen überschatteten rückblickend auch frühere positiven Kindheitserinnerungen an tierische Beziehungen.

Gleichwohl bleibt der Hund im biografischen Rückblick der befragten Person eine bedeutsame Ressource mit langfristigem Einfluss. Die heutige Auseinandersetzung mit dem ehemals aggressiven Hund wird als emotionaler Lernprozess geschildert, der ihr hilft, Ängste zu überwinden und neue Bindungsfähigkeit zu entwickeln. Der funktionale Stellenwert der Mensch-Hund-Beziehung reicht somit über die Kindheit hinaus und wirkt in Prozesse der emotionalen Selbstentwicklung im Erwachsenenalter hinein. Dabei wird auch auf eine strukturbildende Wirkung bei anderen Familienmitgliedern verwiesen. Die befragte Person geht dabei insbesondere auf depressive Symptome und die Alltagsorganisation des Stiefvaters ein. In Summe wird der Hund hier als potenziell emotional regulative und strukturgebende Ressource beschrieben, dessen Funktion jedoch von der familiären Situation und den konkreten Interaktionen abhängig bleibt.

Im Fall 499 zeigt sich die Mensch-Hund-Beziehung vorrangig als emotional unterstützende Alltagsressource mit stabilisierender Wirkung in einem ambivalenten familiären Umfeld. Während die interviewte Person von liebevollen Momenten und festen familiären Strukturen berichtet, thematisiert sie zugleich belastende elterliche Konflikte und emotionale Überforderung. In diesen Situationen diente der Hund durch seine konstante Anwesenheit und reaktive Sensibilität als verlässliche Rückzugs- und Entlastungsinstanz.

Besonders betont wird die Alltagsintegration des Hundes: Er war „immer da“, wurde in familiäre Aktivitäten eingebunden und war Teil gemeinsamer Routinen wie Spaziergänge, Spiel und Nähe. Diese Verfügbarkeit schuf emotionale Sicherheit und half, Spannungen zu regulieren. Dabei erscheint die Hundebindung weniger als Ergebnis einer explizit übernommenen Verantwortung, sondern als natürlicher Teil des Aufwach-sens auf einem Hof, in dem Tierkontakt selbstverständlich war. Die befragte Person beschreibt keine spezifischen Belastungserfahrungen durch die Tierhaltung. Einschränkungen wie begrenzte Urlaubsmöglichkeiten wurden nicht als negativ erlebt.

Die Mensch-Hund-Beziehung fungierte somit als niedrigschwellige Ressource in herausfordernden Momenten, ohne zur Pflicht zu werden. Vielmehr wurde sie als freiwillig getragene und emotional sinnstiftende Verbindung erlebt. Die interviewte Person beschreibt den Hund rückblickend als „richtigen Freund“ und hebt insbesondere die emotionale Verfügbarkeit des Tieres in stressbelasteten Situationen hervor. Damit verdeutlicht dieser Fall exemplarisch, wie Hundehaltung im Alltag emotional regulierend wirken kann. Gerade in Konstellationen, in denen familiäre Belastungen nicht durchgängig kompensiert wurden, jedoch durch ein tragfähiges Bindungsgefüge abgefedert werden konnten.

Im Fall 251 treten funktionale Aspekte der Mensch-Hund-Beziehung besonders deutlich hervor. Die befragte Person beschreibt ihre Kindheit als strukturell stabil, jedoch geprägt von Einsamkeit, hoher Eigenverantwortung und dem Anspruch, früh „funktionieren zu müssen“. In diesem Kontext wurde der Hund zu einer konstanten Ressource im Alltag: Er war nicht nur Begleiter, sondern auch emotionale Stütze und Ausdruckspartner in belastenden Momenten. Die befragte Person schildert eine intensive und tief verankerte Bindung, die sich unter anderem durch nonverbale Kommunikation, körperliche Nähe und die Möglichkeit, Emotionen ungefiltert zu zeigen, auszeichnete. Der Hund wurde als „Vertrauter“ oder wie ein „Geschwisterchen“ erlebt, dem sie ihre Sorgen anvertrauen konnte.

Bemerkenswert ist, dass sich aus der frühen Verantwortung für den Hund, zum Beispiel durch Pflege, Gassigehen und emotionale Zuwendung, eine nachhaltige Ressourcenerfahrung entwickelte. Diese zeigt sich bis heute im Umgang mit emotionaler Belastung: Die interviewte Person nutzt bewusst Rückzug, Reflexion und Spaziergänge als Bewältigungsstrategien, die sie explizit auf die früheren Erfahrungen mit ihrem Hund zurückführt. Der Hund wird somit nicht nur retrospektiv als emotionale Ressource erinnert, sondern als prägende Instanz funktionaler Selbstregulation gewürdigt. Die befragte Person hebt zudem hervor, dass sie durch die Beziehung zum Hund Kompetenzen im Umgang mit Nähe, Verantwortung und Empathie entwickelt habe. Diese Aspekte, verstehe sie als wichtige Grundlage für zukünftige Elternschaft. Belastungsmomente oder negative Erfahrungen mit dem Tier werden in diesem Fall nicht geschildert.

Insgesamt zeigt sich, dass die funktionalen Aspekte der Mensch-Hund-Beziehung stark von der jeweiligen familiären und emotionalen Lebenslage der Kinder geprägt waren. In mehreren Fällen (v. a. 505, 499 und 251) wurde der Hund als emotional regulative Ressource erlebt: sei es in Form eines tröstlichen Rückzugsortes, als stiller Begleiter in belastenden Momenten oder als „Ruhepol", der half, emotionale Spannungen auszugleichen. Besonders in Situationen, in denen familiäre Kommunikation eingeschränkt war oder Eltern emotional nicht verfügbar erschienen, konnte der Hund eine affektiv stabilisierende Funktion übernehmen.

Dabei trat der Hund nicht nur als Beziehungspartner, sondern auch als Teil einer alltäglichen Struktur in Erscheinung: In Fall 499 war seine Alltagspräsenz in familiäre Rituale eingebettet, wodurch Sicherheit und emotionale Kontinuität vermittelt wurden. In Fall 251 wurde er als wichtige Bezugsperson erlebt, deren stilles Dasein, etwa beim Ausweinen oder in Momenten der Einsamkeit, emotional hoch wirksam war.

In zwei Fällen (505 und 251) wurde darüber hinaus eine explizite Verantwortungsübernahme für das Tier geschildert. Besonders im Fall 251 wurde die frühe Verantwortung als prägende Ressourcenerfahrung gedeutet, die bis ins Erwachsenenalter nachwirkt. Gleichzeitig deutet sich im Fall 505 ein Spannungsverhältnis an: Die Verantwortlichkeit wurde in der Jugend zunehmend als Belastung erlebt. Hier zeigt sich, dass die Funktion des Hundes nicht statisch ist, sondern sich im Laufe der Entwicklung wandeln kann und auch ambivalente oder verletzende Erfahrungen einschließen kann.

Im Kontrast dazu steht Fall 511: Hier blieb die Mensch-Hund-Beziehung funktional unauffällig. Weder wurde der Hund als bedeutende emotionale Stütze noch als Anlass für Verantwortung oder Belastung erinnert. Dies unterstreicht, dass tierische Beziehungen nicht zwangsläufig eine entwicklungsrelevante Funktion übernehmen, sondern scheinbar vor allem dann wirksam werden, wenn sie in das subjektive Erleben von Nähe, Sinn und Beziehung eingebettet sind.

4.2.4 Subjektive Deutung und Transfer

In allen vier Interviews finden sich Passagen, in denen die Befragten ihre Kindheitserfahrungen nicht nur beschreiben, sondern auch individuell deuten. Diese Reflexionen ermöglichen tiefe Einblicke in die biografische Verarbeitung des Erlebten und verdeutlichen, wie stark das Aufwachsen mit einem Hund auch aus heutiger Perspektive als prägend empfunden wird, sowohl im Hinblick auf das eigene Leben als auch mit Blick auf andere Kinder oder gesellschaftliche Kontexte. Der Hund erscheint dabei nicht nur als Bestandteil der Kindheit, sondern zunehmend als psychosozial wirksamer Faktor, dessen Einfluss über die konkrete Situation hinausgedacht wird.

Im Fall 511 bleibt die subjektive Deutung der eigenen Kindheit insgesamt zurückhaltend und sachlich. Die befragte Person beschreibt die Beziehung zum Hund explizit als „nicht sehr ausgeprägt" und „keine enge Bindung", zeigt jedoch ein reflektiertes Verständnis für die potenzielle Wirkung von Mensch-Hund-Beziehungen auf Kinder im Allgemeinen. Zwar erkennt sie rückblickend keinen relevanten Einfluss des eigenen Hundes auf ihre emotionale Entwicklung, betont jedoch, dass Hunde „entweder eine positive oder neutrale Wirkung" auf Kinder haben könnten abhängig von Faktoren wie Erziehung, Persönlichkeit des Tieres und dem Umgang des Kindes mit dem Hund. Die Deutungen bleiben dabei pragmatisch und erfahrungsbezogen, ohne eine tiefere emotionale Verknüpfung zum eigenen Erleben in der Kindheit herzustellen. Interessant ist dennoch, dass sie, trotz der distanzierten Beziehung zum eigenen Hund in der mittleren Kindheit, das Potenzial tierischer Beziehungen zur emotionalen Entwicklung betont. Damit verweist sie auf ein generalisiertes Verständnis vom Hund als mögliche emotionale Ressource für Kinder, auch wenn diese Funktion im eigenen Fall nicht aktiviert, sondern erst im Erwachsenenalter erlebt wurde. Dieses Erleben deutet die befragte Person als Möglichkeit einer Übertragbarkeit. Sie betont jedoch, dass insbesondere die Erziehung des Kindes sowie die Persönlichkeit des Hundes ausschlaggebend seien, um positiv auf die emotionale Entwicklung eines Kindes wirken zu können.

In Fall 505 zeigt sich eine differenzierte und reflektierte Auseinandersetzung mit der emotionalen Bedeutung tierischer Beziehungen. Die befragte Person beschreibt sich selbst als sehr sensibel und emotional schnell überreizt, verweist jedoch zugleich auf eine zunehmende Fähigkeit zur Selbstberuhigung und nachträglichen Reflexion. Die Erinnerung an ihren Kindheitshund wird im Rückblick als eindeutig positiv bewertet: Er sei ein „verschmuster" Begleiter gewesen, mit dem sie viele schöne Momente, etwa beim Spielen im Schnee, geteilt habe. Besonders hervorzuheben ist ihre Deutung, dass sie in emotional aufgewühlten Situationen Rücksicht auf den Hund genommen habe, um ihn nicht zu belasten. Daraus ergibt sich eine implizite Form der Selbstregulation, bei der das Tier als indirekter Modulator des eigenen Verhaltens fungierte.

Diese positiven Erinnerungen stehen jedoch im Spannungsfeld zu späteren Erfahrungen mit einem weiteren Hund, der in einer familiär belasteten Phase aggressives Verhalten zeigte und die interviewte Person biss. Diese Erlebnisse führten zu einem nachhaltigen Vertrauensverlust und beeinflussten ihre Haltung gegenüber Hunden langfristig negativ. Dennoch schildert sie einen vorsichtigen Prozess der Wiederannäherung, etwa durch kleine Rituale wie Streicheln oder Füttern. Die interviewte Person beschreibt diesen Prozess als persönlichen Entwicklungsschritt, der ihr hilft, über frühere Ängste hinauszuwachsen. In der Aussage, dass der Hund ihrem Stiefvater bei der Alltagsstruktur und im Umgang mit seiner Depression helfe, wird zudem ein funktionaler Transfer tierischer Bedeutung auf andere Lebensbereiche sichtbar. Tiere erscheinen hier nicht nur als individuelle Begleiter, sondern auch als stabilisierende Instanzen im psychischen Gefüge des sozialen Nahraums zu sein. Beispielsweise ist die befragte Person sich hier sicher, dass der Hund eine Hilfe darstelle, da der depressive Stiefvater hier Verantwortung übernehmen müsse. Auch Fall 505 betont die Wichtigkeit der richtigen Erziehung von Hund und Kind, sowie gegenseitige Rücksichtnahme zu vermitteln, da sonst Eifersucht entstehen könne.

Auch im Fall 499 wird die Kindheit im Rückblick als ambivalent erlebt, jedoch mit einer positiven Zuschreibung der Bedeutung tierischer Beziehungen. Die befragte Person beschreibt den Hund als konstant präsente Bezugsperson, die vor allem in Phasen familiärer Anspannung, etwa bei elterlichen Konflikten, emotionalen Rückhalt geboten habe. Sie schildert ihn als Begleiter, dessen bloße Anwesenheit ein Gefühl von Sicherheit und Verlässlichkeit erzeugte. Dabei wird deutlich, dass die emotionale Wirkung des Hundes nicht nur auf explizite Interaktion, sondern auch auf seine beständige Verfügbarkeit im Alltag zurückgeführt wird. Ohne theoretische Begriffe zu verwenden, beschreibt die befragte Person damit eine kompensatorische Funktion des Hundes im Rahmen familiärer Belastung. Die Tierbeziehung wird retrospektiv als emotional stabilisierende Ressource gedeutet, die zugleich Teil eines positiven familiären Erlebens war, zum Beispiel in gemeinsamen Spaziergängen oder Ausflügen. Diese subjektive Deutung integriert sowohl individuelle Bindungserfahrungen als auch das familiäre Miteinander und verweist auf einen alltagspsychologisch motivierten Transfer, bei dem das Tier als Medium emotionaler Kontinuität und Zugehörigkeit verstanden wird, insbesondere im „Zusammenkommen" mit der Familie. Fall 499 betont, dass die Familienfreundlichkeit des Hundes besonders ausschlaggebend sei.

Im Fall 251 schildert die interviewte Person die Beziehung zu ihrem Kindheitshund als tiefgehend, kontinuierlich und emotional hochbedeutsam. Besonders auffällig ist die Beschreibung des Hundes als Geschwisterersatz und Vertrauten, dem sie ihre Sorgen anvertrauen konnte. Die befragte Person verknüpft ihre Kindheitserfahrungen mit dem Hund unmittelbar mit ihrer heutigen Fähigkeit zur emotionalen Reflexion und Selbstregulation. So beschreibt sie beispielsweise

Spaziergänge auch heute noch als be-währte Bewältigungsstrategie bei Belastung, die sie explizit auf ihre Zeit mit dem Hund zurückführt. Der Hund fungiert dabei nicht nur als Trostspender, sondern auch als resonanzfähiges Gegenüber, das ihr half, Gefühle zuzulassen und zu ordnen. Dieser Deutungsrahmen wird in der Gegenwart in Form eines klaren Transfers formuliert: Die interviewte Person äußert den Wunsch, ihr zukünftiges Kind solle mit einem Hund aufwachsen, da dieser emotionale Sicherheit, Verantwortungsgefühl und Empathiefähigkeit fördern könne. In der Aussage, der Hund gebe einem das Gefühl, „bedingungslos geliebt zu werden", wird eine Einschätzung tierischer Beziehungen sichtbar. Ebenso wie die anderen Interviewten verweist Fall 251 darauf, dass die Erziehung des Hundes und des Kindes sowie die Wahl des richtigen Hundes ausschlaggebend für eine enge Bindung seien.

In der Gesamtschau wird deutlich, dass die Interviewten ihre Erfahrungen zu teilen, sondern aktiv Bezüge zu ihrer heutigen emotionalen Verfasstheit und zu allgemeinen Entwicklungsvorstellungen herstellen. Dabei treten sowohl explizite Deutungen zutage, etwa in Bezug auf Bindung, Selbstregulation oder emotionale Sicherheit, als auch implizite Zuschreibungen, in denen Hunde als konstant verfügbare, resonanzfähige oder kompensatorische Instanzen erscheinen. Die Bandbreite der subjektiven Transferleistungen reicht von pragmatischen Einschätzungen der kindlichen Tierbeziehung (Fall 511) über differenziert erinnerte und zugleich kritisch reflektierte Erlebnisse (Fall 505) bis hin zu tief verankerten biografischen Deutungsrahmen (Fälle 499 und 251), in denen der Hund als emotionaler Anker fungiert.

Diese Deutungen sind nicht nur retrospektive Rekonstruktionen, sondern Ausdruck einer aktiven Bedeutungsgebung, die das eigene Erleben in größere Zusammenhänge emotionaler Entwicklung einbettet. In mehreren Fällen wird das Tier nicht lediglich als Teil der Kindheit erinnert, sondern als bedeutsamer Entwicklungsfaktor interpretiert mit Wirkung bis in die Gegenwart. Bemerkenswert ist dabei, dass die Reflexionen nicht von außen an die Daten herangetragen wurden, sondern dem inneren Deutungsrahmen der Interviewten selbst entspringen. In ihrer Verbindung von gelebter Erfahrung, emotionaler Sinngebung und alltagspsychologisch geprägter Verallgemeinerung entfalten sie eine besondere Authentizität. Es handelt sich nicht um theoretisch-abstrakte Konzepte von Bindung zum Hund, sondern um deren verkörperte, erinnerte und subjektiv gedeutete Form.

4.2.5 Falltypische Muster

Auf Basis der zuvor dargestellten qualitativen Befunde lassen sich mehrere falltypische Muster identifizieren, welche die unterschiedlichen Wirkweisen und Bedeutungen einer Mensch-Hund-Beziehung im Kontext emotionaler Entwicklung verdeutlichen. Obwohl jedes Interview eine individuelle biografische Prägung offenbart, kristallisieren sich übergreifende Konstellationen heraus, die Rückschlüsse auf typische, wenn auch nicht generalisierbare, Prozesse erlauben.

Ein erstes Muster „Emotionale Kompensation durch intensive Tierbindung" zeigt sich besonders eindrücklich im Fall 251. Hier fungiert die Beziehung zum Hund nicht nur als alltäglicher Begleiter, sondern übernimmt explizit kompensatorische Funktionen. Vor dem Hintergrund emotionaler Einsamkeit und hoher Eigenverantwortung entwickelt sich eine tiefe emotionale Bindung zum Hund, der als Ersatz für mangelnde elterliche Präsenz und Nähe fungiert. Der Hund dient hier als verlässlicher Beziehungspartner, der emotionales Erleben spiegeln und auffangen kann. Diese intensive Bindung prägt nachhaltig die Fähigkeit zur Selbstregulation und wirkt weit ins Erwachsenenalter hinein. Das Tier wird als bedeutsamer Resonanzraum erlebt, der die Entwicklung emotionaler Kompetenzen wie Empathie, Verantwortungsübernahme und Autonomie unterstützt und fördert.

Ein zweites Muster „Stabilisierende Ergänzung familiärer Beziehungen" lässt sich in Fall 499 nachvollziehen. Obwohl die familiäre Struktur grundsätzlich stabil war, zeigen sich insbesondere durch elterliche Konflikte emotionale Belastungen. Die Mensch-Hund-Beziehung tritt hier nicht explizit kompensatorisch, sondern ergänzend in Erscheinung. Der Hund wird als beständige emotionale Ressource beschrieben, die in alltäglichen Spannungsmomenten Kontinuität und Sicherheit vermittelt. Besonders die Verfügbarkeit und verlässliche Präsenz des Tieres ermöglicht es, stresshafte Phasen und emotionale Herausforderungen besser zu bewältigen. Dieses Muster verdeutlicht, dass der Hund nicht zwangsläufig elterliche Bindungen ersetzt, sondern vielmehr in bestehende Familienstrukturen integrierbar ist und so zusätzliche Stabilität vermittelt.

Ein drittes Muster „Ambivalente Mensch-Hund-Beziehung als emotional-regulative Herausforderung" verdeutlicht Fall 505. Hier zeigt sich ein ambivalenter Entwicklungsverlauf: Während die Beziehung zum ersten Hund als emotional positiv und unterstützend erlebt wird, entstehen durch belastende Erfahrungen mit einem weiteren Hund spätere emotionale Herausforderungen und Ängste. Diese Ambivalenz verdeutlicht, wie stark die Qualität der Beziehung vom situativen Kontext, den familiären Umständen und dem Verhalten des Tieres abhängt. Dennoch zeigt sich auch hier, dass diese herausfordernden Erfahrungen im langfristigen Verlauf als Anstoß für persönliche Entwicklung und emotionale Reflexion dienen können. Die Beziehung zum Hund erscheint somit weniger als stabile Ressource, sondern eher als komplexes emotionales Lernfeld, dessen Wirksamkeit durch eine prozesshafte Auseinandersetzung und Neubewertung gekennzeichnet ist.

Schließlich repräsentiert Fall 511 ein viertes Muster „Funktionale Neutralität der Mensch-Hund-Beziehung". Hier wird deutlich, dass die Mensch-Hund-Beziehung nicht zwangsläufig eine emotionale oder entwicklungsfördernde Funktion erfüllt. Im beschriebenen Fall bleibt der Hund emotional peripher und eher funktional integriert. Familiäre Stabilität und emotionale Sicherheit werden vorrangig durch menschliche Bezugspersonen wie Großeltern vermittelt, sodass der Hund weder kompensatorische noch ergänzende Funktionen übernehmen musste. Dennoch zeigt die befragte Person ein generalisiertes Verständnis für mögliche positive Wirkungen einer Tierbeziehung, auch wenn diese im eigenen biografischen Erleben nicht relevant waren. Dieses Muster unterstreicht, dass eine enge Mensch-Hund-Beziehung keineswegs selbstverständlich ist, sondern von Faktoren wie familiärer Struktur, kindlicher Bedürfnislage und individuellen Bedingungen abhängt.

Alle vier Fälle haben gemeinsam, dass die Wahl des Hundes oder die Erziehung von Kind und Hund aus subjektiver Sicht als grundlegende Faktoren für eine positive Entwicklung der emotionalen Stabilität vom Kindesalter bis ins Erwachsenenalter betrachtet werden.

Insgesamt verdeutlichen die falltypischen Muster, dass die Mensch-Hund-Beziehung im Kontext emotionaler Entwicklung nicht eindimensional interpretierbar ist. Vielmehr zeigt sich ein breites Spektrum subjektiver Erfahrungen und Deutungen von intensiver emotionaler Verbundenheit und stabilisierender Integration in Familienstrukturen bis hin zu ambivalenten oder neutral-funktionalen Beziehungen. Diese Muster betonen zugleich, wie wesentlich die individuelle biografische und emotionale Ausgangslage für die Qualität und Bedeutung der Beziehung zum Hund ist. Damit unterstreichen sie die Vielschichtigkeit und Komplexität emotionaler Entwicklungsprozesse, die durch das Aufwachsen mit einem Hund ausgelöst oder begleitet werden können.

4.3 Integrative Betrachtung beider Datenquellen

Die vorliegenden quantitativen und qualitativen Ergebnisse zeichnen gemeinsam ein vielschichtiges Bild der Zusammenhänge zwischen den retrospektiv berichteten Kindheitserfahrungen mit einem Hund, familiärer Stabilität und der

Ausprägung von Neurotizismus im Erwachsenenalter. Die integrative Betrachtung beider Datenquellen ermöglicht es, die jeweiligen Stärken und Grenzen der methodischen Zugänge zu erkennen und ein vertieftes Verständnis der komplexen Entwicklungsprozesse zu gewinnen.

Quantitativ zeigen sich klare Hinweise darauf, dass die familiäre Stabilität in der Kindheit einen signifikanten negativen Zusammenhang mit der emotionalen Instabilität im Erwachsenenalter aufweist. Personen, die eine stabilere familiäre Umgebung berichteten, tendierten zu einer geringeren Ausprägung von Neurotizismus. Die retro-spektive Bindung zum Hund dagegen konnte keine statistisch signifikanten direkten oder moderierenden Effekte auf Neurotizismus nachweisen. Ebenso differenzierten sich die Gruppen mit und ohne Hundehaltung im mittleren Kindesalter in Bezug auf Neurotizismus nicht signifikant. Diese Ergebnisse sprechen dafür, dass die familiären Rahmenbedingungen eine grundlegende Rolle für die emotionale Entwicklung spielen, während die Wirkung von Erfahrungen mit Hund in der quantitativen Analyse eher zurückhaltend ausfällt.

Die qualitativen Befunde ergänzen dieses Bild um wichtige subjektive Perspektiven und verdeutlichen die Komplexität individueller Erlebens- und Deutungsmuster, die sich in der rein quantitativen Herangehensweise nur eingeschränkt abbilden lassen. So zeigen die narrativen Fallanalysen, dass die Beziehung zum Hund in unterschiedlichen familiären Kontexten sehr unterschiedliche Funktionen erfüllen kann: von einer emotionalen Kompensation bei fehlender elterlicher Präsenz über eine stabilisierende Ergänzung innerhalb eines belasteten, aber funktionierenden Familiensystems bis hin zu einer ambivalenten oder gar neutral-funktionalen Rolle. Diese differenzierte Sicht-weise erklärt, warum in den quantitativen Daten keine starken, einheitlichen Effekte der Hundebindung zu finden sind: Die Mensch-Hund-Beziehung ist keine monolithische Variable, sondern ein vielschichtiges Phänomen, dessen Bedeutung stark vom individuellen biografischen und familiären Kontext abhängt.

Besonders deutlich wird dies in den falltypischen Mustern, die die qualitativen Daten herausarbeiten. Beispielsweise illustriert der Fall 251, wie eine intensive und kompensatorische Bindung zum Hund in einem emotional herausfordernden familiären Umfeld zur Entwicklung von Selbstregulationsfähigkeiten beitragen kann, die bis ins Erwachsenenalter nachwirken. Demgegenüber steht der Fall 511, in dem die Hundehaltung im Kontext einer stabilen Familie keine besondere emotionale Bedeutung gewann und folglich auch keine ausgeprägte Wirkung auf die emotionale Entwicklung vermittelbar ist. Der Fall 505 mit seinen ambivalenten Erfahrungen unterstreicht die potenzielle Variabilität von Mensch-Hund-Beziehungen, die von positiven emotionalen Ressourcen bis zu belastenden Erlebnissen reichen können.

Tabelle 4.3 Joint-Display Tabelle: Integration qualitativer und quantitativer Befunde. (Eigene Darstellung)

Konstrukt	Quantitative Ergebnisse	Qualitative Ergebnisse	Integrierte Interpretation
Familiäre Stabilität und Neurotizismus	Signifikanter negativer Zusammenhang, ($r = -24$, $p < .001$). Höhere Stabilität → niedriger Neurotizismus.	Stabile Familienstrukturen werden als Schutzfaktor beschrieben.	Familiäre Stabilität ist ein konsistenter Prädiktor emotionaler Stabilität – robust über beide Ansätze hinweg.
Hundehaltung im mittleren Kindesalter und Neurotizismus	Kein signifikanter Unterschied zwischen den Gruppen ($d = -0.19$, $p = .194$).	Rolle des Hundes wird unterschiedlich wahr-genommen: kompensatorisch (251), stabilisierend (499), ambivalent (505) oder neutral (511).	Hundehaltung allein ist kein verlässlicher Schutzfaktor, die Wirkung scheint stark abhängig von Kontext und Bindungsqualität.
Hundebindung und Neurotizismus	Kein signifikanter Zusammenhang, $r = .04$, $p = .727$.	Bindung ist oft hoch, aber kontextabhängig wirksam. Scheinbar besonders bei eingeschränkter elterlicher Verfügbarkeit wirksam.	Deckeneffekte in der Skala könnten fehlende quantitative Signifikanz erklären.
Moderation durch Hundebindung	Eine einfache Regression war nicht signifikant ($B = 0.057$, $\beta = .035$, $p = .727$, $R^2 = .001$).	Intensive Bindung kann in Einzelfällen kompensatorisch (251) wirken, geringe Bindung eher peripher (511).	Bindung zu Hund entfaltet Wirkung vermutlich nur unter spezifischen Bedingungen und ist nicht generalisierbar.
Moderation durch familiäre Stabilität	Keine signifikante Interaktion ($\beta = -.333$, $p = .238$; R^2 Gesamtmodell $= 0.072$.).	Kein klarer Moderationseffekt. Stabilität wirkt unabhängig, qualitativ sind jedoch Wechselwirkungen sichtbar.	Familiäre Stabilität bleibt zentral. Hund kann ggf. in instabilen Kontexten ergänzend oder stabilisierend wirken.

Aus dieser Perspektive erscheint die familiäre Stabilität als eher generalisierbarer Prädiktor emotionaler Stabilität, während die Beziehung zum Hund eher als kontext-abhängige Ressource wirkt, deren Einfluss stark von der Qualität der familiären Umgebung und den individuellen Bewältigungsstrategien geprägt ist. Die qualitative Evidenz legt nahe, dass Hunde insbesondere dann eine kompensatorische oder stabilisierende Rolle einnehmen, wenn elterliche Unterstützung oder emotionale Verfügbarkeit eingeschränkt sind. Damit kann die Mensch-Hund-Beziehung als psychosoziale Ressource verstanden werden, die jedoch nicht notwendigerweise bei allen Individuen zum Tragen kommt, sondern situativ und biografisch variabel wirkt.

Darüber hinaus verdeutlichen die qualitativen Reflexionen, dass die Beziehung zum Hund auch langfristige, biografisch verankerte Effekte haben kann, indem sie Kompetenzen wie Empathie, Verantwortungsbewusstsein und emotionale Selbstregulation fördert. Die Interviewten zeigen zudem eine differenzierte Fähigkeit zur Reflexion und Deutung ihrer kindlichen Erfahrungen, wodurch die Hundehaltung als ein komplexer psychosozialer Faktor in ihren Lebensläufen sichtbar wird.

Eine Gegenüberstellung der quantitativen und qualitativen Befunde ist in Tabelle 4.3 dargestellt. Zusammenfassend lässt sich festhalten, dass die integrative Auswertung der quantitativen und qualitativen Daten die Bedeutung familiärer Stabilität als fundamentalen Schutzfaktor für die emotionale Entwicklung bestätigt, während die Mensch-Hund-Beziehung eine differenzierte, kontextabhängige Rolle als emotionales Bindungs- und Regulationselement einnimmt.

5 Diskussion

Im vorangegangenen Kapitel wurden die empirischen Ergebnisse der quantitativen und qualitativen Analysen dargestellt. Dabei zeigte sich ein differenziertes Bild hinsichtlich der Frage, ob das Aufwachsen mit einem Hund im mittleren Kindesalter mit emotionaler Stabilität im Erwachsenenalter zusammenhängt sowie inwieweit familiäre Stabilität und die Qualität der Kind-Hund-Bindung diesen Zusammenhang beeinflussen können.

Das folgende Kapitel widmet sich der vertieften Auseinandersetzung mit diesen Befunden. Dabei sollen die Ergebnisse in den theoretischen und empirischen Kontext eingeordnet, ihre Implikationen kritisch reflektiert und ihre Aussagekraft im Hinblick auf die gestellte Forschungsfrage bewertet werden. Zuerst werden die Ergebnisse interpretiert, bevor sie mit bestehenden Forschungsarbeiten verglichen und in Bezug gesetzt werden. Abschließend folgt eine Diskussion relevanter Limitationen, praktischer Implikationen sowie zukünftiger Forschungsrichtungen.

5.1 Interpretation der Hauptergebnisse

Die Ergebnisse dieser Arbeit liefern ein vielschichtiges Bild vom Zusammenhang zwischen Kindheitserfahrungen des mittleren Kindesalters und der emotionalen Stabilität im Erwachsenenalter. Dabei zeigten sich einerseits deutliche Hinweise auf die Bedeutung familiärer Rahmenbedingungen, während andererseits die erwarteten Effekte der Kindheit mit Hund, sowohl in direkter als auch moderierender Funktion, statistisch nicht bestätigt werden konnten. Gleichwohl

A. C. Misral, *Der Zusammenhang zwischen dem Aufwachsen mit Hund und emotionaler Instabilität im Erwachsenenalter*, BestMasters,
https://doi.org/10.1007/978-3-658-50936-1_5

ermöglichen die qualitativen Daten eine vertiefende Perspektive, die über rein numerische Zusammenhänge hinausreicht.

Zunächst reiht sich der signifikant negative Zusammenhang zwischen familiärer Stabilität und Neurotizismus ($r = -.24$, $p < .001$) in eine Vielzahl empirischer Befunde, die belegen, dass familiäre Stabilität in der Kindheit als präventiver Faktor für psychische Vulnerabilität im Erwachsenenalter gilt (z. B. Babad et al., 2022, S. 1; Palmier-Claus et al., 2025, S. 34; Rosenek et al., 2025, o.S.). Eine emotional konsistente und verlässliche kindliche Umgebung scheint, zumindest retrospektiv betrachtet, mit einer geringeren emotionalen Instabilität im späteren Lebensverlauf einherzugehen. Dieses Ergebnis steht in Übereinstimmung mit Annahmen der Bindungstheorie Bowlbys (1958), wonach sichere, vorhersehbare Interaktionsmuster in der Kindheit eine Grundlage für stabile Emotionsregulationsstrategien bilden (in Anlehnung an Eppel, 2023, S. 21 ff.).

Demgegenüber konnte die Hypothese, dass das Aufwachsen mit einem Hund im mittleren Kindesalter signifikant mit niedrigerem Neurotizismus im Erwachsenenalter assoziiert sei, nicht bestätigt werden. Der entsprechende Gruppenvergleich zeigte keine statistisch signifikanten Unterschiede, wenngleich eine schwach ausgeprägte Tendenz in die erwartete Richtung ($d = -0.19$) erkennbar war. Dieses Ergebnis steht zunächst im Kontrast zu vereinzelten Forschungsansätzen, die tiergestützte Interventionen oder langjährige Tierkontakte mit emotionaler Widerstandsfähigkeit und sozial-emotionaler Kompetenzentwicklung in Verbindung bringen (Mehrotra et al., 2025, S. 251; Purewal et al., 2017, S. 1). Allerdings lässt sich die Diskrepanz mit Blick auf methodische, konzeptuelle und biografische Variabilität erklären.

Zudem zeigte sich, dass keine signifikanten Effekte der retrospektiv berichteten Bindungsqualität zum Hund auftraten, weder im direkten Zusammenhang mit Neurotizismus, noch in Form einer Moderation. Die retrospektive Verzerrung könnte die Varianz der Skala erheblich einschränken und somit den Nachweis differenzierender Zusammenhänge erschweren. Eine solche Idealisierung kann aus der Perspektive der autobiografischen Gedächtnisforschung als selektive Rekonstruktion verstanden werden, bei der positive Beziehungserfahrungen bevorzugt erinnert und negativ getönte Episoden unbewusst ausgeblendet werden (Conway & Pleydell-Pearce, 2000, S. 264).

Die dritte Hypothese, eine Moderation des Zusammenhangs zwischen Hundehaltung und Neurotizismus durch familiäre Stabilität, wurde ebenfalls nicht bestätigt. Zwar ergab das Regressionsmodell eine signifikante Gesamtvarianzaufklärung, jedoch ohne signifikanten Interaktionseffekt. Auch dies lässt sich als Hinweis darauf interpretieren, dass der Zusammenhang zwischen familiärer Stabilität und emotionaler Entwicklung relativ unabhängig von Erfahrungen mit Hund zumindest in aggregierter Form zu sein scheint. Es ist denkbar, dass die Mensch-Hund-Beziehung primär in spezifischen Konstellationen wirkt, etwa unter Bedingungen emotionaler Deprivation oder eingeschränkter elterlicher Responsivität, wie sie in der quantitativen Erhebung nicht hinreichend differenziert erfasst wurde.

An diesem Punkt treten die qualitativen Ergebnisse in den Vordergrund und eröffnen eine tiefere, kontextuelle Perspektive. Besonders deutlich wird, dass der Hund in einigen Fällen durchaus eine kompensatorische Rolle einnahm, insbesondere im Fall 251, wo die interviewte Person eine häufig physische und teilweise emotionale Abwesenheit der Eltern schildert und dem Hund retrospektiv eine wichtige Rolle bei der Entwicklung emotionaler Selbstregulation zuschreibt. Auch Fall 499 zeigt, dass Hunde als stabilisierende Ergänzung in einem ambivalenten Familiensystem wirken können. Diese Fälle illustrieren, dass Beziehungserfahrungen zum Hund hoch individuell interpretiert und erlebt werden und sich ihr Einfluss dem Zugriff quantitativer Standardverfahren oftmals entzieht.

Umgekehrt zeigt Fall 511 exemplarisch, dass eine stabile familiäre Umgebung keine zusätzlichen emotionalen Ressourcen durch Tierbeziehungen erforderlich machte. Der Hund wird in diesem Kontext als „normaler" Bestandteil der Familie beschrieben, ohne tiefere emotionale oder regulative Funktion. Diese Fallkonstellation unterstreicht die These, dass die Wirkung der Beziehung zum Hund maßgeblich vom subjektiven Bedeutungsrahmen und der familiären Ausgangslage abhängt. Die Wirkung des Hundes scheint weniger von seiner bloßen Anwesenheit abzuhängen, sondern davon, wie Kinder ihn emotional einordnen, sei es als wichtigen Partner, als Begleiter oder eher als nebensächlichen Bestandteil des Alltags. Diese Befunde verdeutlichen die Relevanz subjektiver Bedeutungszuschreibungen, wie sie auch im symbolischen Interaktionismus betont werden: Die Wirkung sozialer Akteure, sowohl menschlicher als auch tierischer, entsteht nicht aus ihrer objektiven Präsenz, sondern aus der Bedeutung, die ihnen in der individuellen Lebenswelt zugeschrieben wird (Hoffjann & Sandhu, 2024, S. 28).

Diese Erkenntnisse fügen sich auch in bestehende Konzepte zur Wirkweise tiergestützter Interaktion ein: Die Bedeutung von Tieren als emotionale Co-Regulatoren oder als Bindungsobjekte scheint stark kontextsensitiv (z. B. Julius et al., 2014, S. 50; Zilcha-Mano et al., 2011, S. 355). Die Ergebnisse dieser Arbeit legen nahe, dass diese Wirksamkeit im natürlichen Aufwachsen im Gegensatz zu gezielt eingesetzten tiergestützten Interventionen weniger homogen und stärker biografieabhängig ist.

Insgesamt lässt sich festhalten, dass die Hypothesen nur teilweise empirisch gestützt werden konnten. Während familiäre Stabilität als konsistenter Prädiktor emotionaler Gesundheit bestätigt wurde, blieb der Beitrag der Hundehaltung sowohl quantitativ als auch in den Moderationsmodellen zurückhaltend. Dennoch zeigen die qualitativen Einzelfallanalysen, dass in bestimmten biografischen Konstellationen eine intensive, emotional bedeutsame Mensch-Hund-Beziehung entwicklungsrelevant sein kann. Diese Wirkung ist jedoch individuell ausgeprägt, situativ gebunden und nicht in jedem Fall generalisierbar.

Daraus ergibt sich ein differenziertes Gesamtbild: Familiäre Strukturen zeigen eine systematische Schutzwirkung, während Beziehungen zum Hund selektiv, kontextabhängig und subjektiv geprägt wirken. Die emotionale Entwicklung im Kindes und Jugendalter wird demnach nicht nur durch objektive Bedingungen, sondern in hohem Maße durch subjektiv interpretierte Erfahrungen beeinflusst.

5.2 Einordnung in die bestehende Forschung

Die vorliegenden Ergebnisse reihen sich in eine heterogene und teils widersprüchliche Forschungslandschaft ein, die sich mit der Rolle familiärer und tierbezogener Bindungserfahrungen in der psychischen Entwicklung beschäftigt.

Die signifikante negative Korrelation zwischen familiärer Stabilität in der Kindheit und der Ausprägung von Neurotizismus im Erwachsenenalter bestätigt frühere Forschungsergebnisse, die einen engen Zusammenhang zwischen stabilen familiären Strukturen und der Entwicklung psychischer Resilienz beschreiben (z. B. Babad et al., 2022, S. 1; Palmier-Claus et al., 2025, S. 34; Rosenek et al., 2025, o.S.).

Auch im Rahmen der Bindungstheorie wird seit langem angenommen, dass eine sichere, konsistente und emotional verlässliche Eltern-Kind-Interaktion eine Grundlage für die Entwicklung affektiver Selbstregulation und innerer Sicherheit bildet (z. B. Lyons-Ruth & Spielman, 2004, S. 1; Neyer & Asendorpf, 2024, S. 289; Siegler et al., 2021, S. 451). Diese Schutzwirkung stabiler Bindungserfahrungen lässt sich auch mit dem Konzept der „developmental cascade“ erklären, wonach sich Bindungserfahrungen über verschiedene Entwicklungsdomänen hinweg aufspannen und langfristig psychische Widerstandskraft fördern (Masten & Cicchetti, 2010, S. 491).

Die Befunde dieser Arbeit stehen somit in klarer Kontinuität zu theoretischen und empirischen Annahmen über die Schutzfunktion stabiler familiärer Beziehungen gegenüber emotionaler Dysregulation (z. B. Bengel & Lyssenko, 2012, S. 86;

Lohaus & Vierhaus, 2019, S. 124 f.; Saunders et al., 2015, S. 1069; Selman & Dilworth-Bart, 2024, S. 272).

Demgegenüber steht der Befund, dass die Hundehaltung im mittleren Kindesalter sowie die retrospektiv berichtete emotionale Qualität der Mensch-Hund-Bindung keine signifikanten Zusammenhänge mit der Ausprägung von Neurotizismus im Erwachsenenalter aufwiesen. Diese Ergebnisse widersprechen auf den ersten Blick jenen Studien, die Hunden eine potenziell entwicklungsfördernde oder stabilisierende Wirkung im psycho-sozialen Bereich zuschreiben (z. B. Giraudet et al., 2022, S. 9 f.; Julius et al., 2014, S. 50).

Tiergestützte Forschung hat in den letzten Jahren zunehmend empirische Hinweise dafür geliefert, dass insbesondere Hunde in der Lage sind, emotionale Sicherheit, Stressreduktion und soziale Integration zu fördern, sowohl im Rahmen therapeutischer Interventionen (z. B. Beetz et al., 2012, S. 1; Geist, 2011, S. 254) als auch im Alltag von Kindern und Jugendlichen (Julius et al., 2014, S. 50).

Allerdings ist zu berücksichtigen, dass sich die meisten dieser Studien auf aktive tiergestützte Settings oder akute Interventionen konzentrieren, während sich die vorliegende Arbeit auf natürliche, retrospektive Alltagserfahrungen im familiären Kontext fokussiert. Die unterschiedliche methodische und konzeptionelle Rahmung könnte einen Teil der Abweichung erklären.

Während interventionelle Studien unter kontrollierten Bedingungen spezifische Wirkmechanismen isolieren können, sind natürliche Alltagserfahrungen mit Haustieren deutlich variabler, subtiler und biografisch eingebettet. Dies entspricht auch den Annahmen ökologischer Entwicklungsmodelle, die betonen, dass Wirkungsketten von Kontextfaktoren, wie etwa familiäre Dynamik, soziales Umfeld und individuelle Disposition, moderiert werden (Bronfenbrenner & Morris, 1998, S. 820 f.). Der emotionale „Effekt" eines Haustieres ist unter Alltagsbedingungen möglicherweise nicht generalisierbar, sondern entfaltet sich selektiv, etwa in Situationen emotionaler Unsicherheit oder elterlicher Inkompatibilität.

Darüber hinaus belegt auch die Metaanalyse von Purewal et al. (2017), dass der Zusammenhang zwischen Kind-Tier-Bindung und psychischen Entwicklungsparametern zwar tendenziell positiv, jedoch inkonsistent ausfällt (Purewal et al., 2017, S. 1). Viele der inkludierten Studien berichten lediglich kleine bis mittlere Effekte, häufig ohne klare Kausalitätsaussagen. Zudem bemängeln die Autoren und Autorinnen, dass methodische Standards, wie kontrollierte Designs, objektive Outcome-Messungen und valide Bindungsinstrumente, in der Mensch-Tier-Forschung oftmals unzureichend berücksichtigt werden (Purewal et al., 2017, S. 4 f.). Diese Kritik ist auch im Kontext dieser Arbeit relevant, insbesondere im

Hinblick auf die retrospektive Verzerrbarkeit von Hundebindungsskalen, die unter 5.3 Limitationen näher erläutert wird.

Ein weiterer Aspekt betrifft die Komplexität der Tier-Mensch-Beziehung selbst. Studien wie jene von Zilcha-Mano et al. (2011) zeigen, dass die emotionale Bedeutung von Hunden stark von individuellen Bindungsstilen, psychosozialen Kontextbedingungen und subjektiver Deutung abhängt (Zilcha-Mano et al., 2011, S. 355 f.). Die qualitative Analyse dieser Arbeit unterstreicht diese Perspektive: In Fällen emotional belasteter Kindheiten, wie etwa Fall 251 oder 499, übernehmen Hunde deutlich sichtbar eine kompensatorische oder stabilisierende Rolle, nicht als Ersatz elterlicher Bindung, wohl aber als sekundäre Bezugsperson oder Co-Regulator im Alltag.

In bindungstheoretischen Begriffen könnte dies einer komplementären Bindungsfigur entsprechen, die zwar nicht die primäre Fürsorgeverantwortung trägt, aber spezifische emotionale Funktionen erfüllt (Trinke & Bartholomew, 1997, S. 603). Diese Beobachtungen decken sich mit Konzepten der sekundären Bindung (Zilcha-Mano et al., 2011, S. 346), in denen Tiere nicht nur soziale Interaktionspartner, sondern emotionale Spiegel, Resonanzflächen und nichtwertende Empfänger von Affekten darstellen.

Diese differenzierte Sichtweise unterstützt auch theoretische Arbeiten aus der entwicklungspsychologisch orientierten Mensch-Tier-Forschungsperspektive (z. B. Mehrotra et al., 2025, S. 251; Purewal et al., 2017, S. 1), welche Haustiere als sozial eingebundene Beziehungspartner verstehen, deren Wirkung nicht linear, sondern relational vermittelt ist. Diese relational-dynamische Perspektive fehlt in vielen quantitativen Studien und sie verdeutlicht zugleich, warum sich Hundehaltung nicht pauschal als Prädiktor emotionaler Stabilität identifizieren lässt. Vielmehr kommt es auf das Wechselspiel von Kind, Tier, Familie und Interpretation an, was durch qualitative Ansätze deutlich besser erfasst werden kann.

Nicht zuletzt ist auf die Diskrepanz zwischen idealisierten Vorstellungen von Tierbindung und empirischer Evidenz hinzuweisen. Während in populärwissenschaftlichen und gesellschaftlichen Diskursen häufig ein stark positives Bild vom „therapeutischen Potenzial" der Mensch-Tier-Beziehung vermittelt wird, zeigen empirische Daten, dass diese Wirkung keineswegs selbstverständlich ist. Die Ergebnisse dieser Arbeit unterstützen die Annahme, dass Tiere zwar potenziell bedeutsame psychosoziale Ressourcen darstellen können, jedoch nur unter bestimmten Bedingungen, die sowohl familiäre, individuelle als auch tierbezogene Faktoren umfassen.

Insgesamt lassen sich die Ergebnisse dieser Studie somit am besten als differenziert anschlussfähig an die bestehende Forschung deuten: Die Bedeutung familiärer Stabilität wird deutlich bestätigt, die Rolle der Hundehaltung erweist sich als kontextsensitiv, selektiv wirksam und weniger generalisierbar, als angenommen. Diese Befunde schließen an die Forderung von Autoren und Autorinnen an, tiergestützte Entwicklung nicht monokausal zu betrachten, sondern in ihrem sozialen, emotionalen und biografischen Kontext zu analysieren (z. B. Julius et al., 2014, S. 109; Wagner et al., 2022, S. 1).

5.3 Limitationen

Trotz der sorgfältigen Planung und Umsetzung der vorliegenden Mixed-Methods-Studie bestehen verschiedene Limitationen, die bei der Interpretation der Ergebnisse berücksichtigt werden müssen. Diese betreffen konzeptuelle und methodische Aspekte sowie die Generalisierbarkeit.

Zunächst ist die retrospektive Erhebung der Variablen als grundlegende Einschränkung zu benennen. Sowohl die Einschätzung der familiären Stabilität als auch die Bindung zum Hund wurden auf Grundlage erinnerter Kindheitserfahrungen erhoben, wobei Verzerrungen durch erinnerungspsychologische Effekte nicht auszuschließen sind (Mitchell et al., 1997, S. 421). Insbesondere das Phänomen des „rosy retrospection bias" (Mitchell et al., 1997, S. 422) könnte dazu beitragen, dass vergangene Beziehungen, vor allem zu geliebten Haustieren, positiver erinnert werden, als sie faktisch waren.

Möglicherweise ergab sich daraus ein Deckeneffekt (in Anlehnung an Döring, 2023, S. 406). Die emotionale Bedeutung eines Hundes wird möglicherweise im Nachhinein idealisiert, insbesondere dann, wenn die Beziehung als symbolisch aufgeladen oder emotional prägend erlebt wurde. Eine prospektive oder zumindest querschnittliche Erhebung im Kindesalter selbst wäre hier methodisch überlegen, war im vorgegebenen Rahmen jedoch nicht realisierbar, da eine solche Datenerhebung den zeitlichen und organisatorischen Rahmen der Thesis überschritten hätte. Ein solches Design würde nicht nur Erinnerungsverzerrungen minimieren, sondern auch eine genauere Erfassung situativer Kontextfaktoren ermöglichen, die retrospektiv schwer rekonstruierbar sind.

Des Weiteren ist die Stichprobenzusammensetzung kritisch zu betrachten. Die quantitative Erhebung zeigt eine deutliche Überrepräsentation weiblicher Teilnehmender (89,6 %), was die externe Validität einschränkt und geschlechtsspezifische Unterschiede im Erleben von Hundebindung oder Emotionsverarbeitung nur unzureichend abbildet. Zudem weist die Stichprobe ein insgesamt hohes Bildungsniveau und ein relativ junges Alter auf ($M = 25{,}07$ Jahre), wodurch auch hier eine gewisse Homogenität vorliegt. Personen mit anderen soziodemografischen Hintergründen oder aus unterschiedlichen kulturellen Kontexten, in denen Mensch-Hund-Beziehungen möglicherweise anders verankert sind, konnten nicht in ausreichendem Maße berücksichtigt werden. Die begrenzte Heterogenität der Stichprobe limitiert somit die Generalisierbarkeit der Befunde auf breitere Bevölkerungsgruppen.

Ein weiterer methodischer Aspekt betrifft die eingeschränkte Testbarkeit der Moderationshypothesen. Insbesondere Hypothese 2 konnte nicht wie ursprünglich geplant überprüft werden, da die Variable zur Hundebindung ausschließlich bei jenen Teilnehmenden erhoben wurde, die im Kindesalter mit einem Hund aufgewachsen waren. Dadurch fehlte im Analysemodell die notwendige Varianz, um die Interaktion mit der Gruppenvariable zu berechnen. Dies verweist auf ein generelles methodisches Problem: Werden bestimmte Variablen nur in einzelnen Subgruppen erhoben, gehen Varianz und statistische Vergleichbarkeit verloren, was die Testbarkeit komplexer Interaktionseffekte erheblich einschränkt.

Dieses methodische Defizit kann die Aussagekraft in Bezug auf die moderierende Wirkung der Hundebindung beeinträchtigen. Auch bei der Überprüfung von Hypothese 3 konnte der erwartete Moderationseffekt der familiären Stabilität auf den Zusammenhang zwischen Hundehaltung und Neurotizismus nicht statistisch bestätigt werden. Dies ist unter anderem auf die begrenzte statistische Power des Modells zurückzuführen, die trotz einer a-priori-Berechnung der Stichprobengröße mittels *G*-Power für den Haupteffekt möglicherweise nicht ausreichte, um kleine bis mittlere Moderationseffekte zuverlässig zu detektieren. Zusätzlich könnte eine geringe tatsächliche Effektstärke den Nachweis erschwert haben.

Zwar ermöglichten die Interviews vertiefende Einblicke in individuelle Deutungsmuster und subjektive Bedeutungszuschreibungen, jedoch basiert diese Analyse auf einer bewusst kontrastierend ausgewählten Kleinstichprobe von nur vier Fällen. Diese Auswahl orientierte sich am Prinzip der Varianzmaximierung (in Anlehunng an Strübing, 2013, S. 192), erlaubt jedoch keine Repräsentativität oder generalisierbare Aussagen. Dies entspricht der Logik qualitativer Forschung, die nicht auf statistische Repräsentativität, sondern auf theoretische Sättigung und Tiefenverständnis abzielt (in Anlehnung an Strübing, 2013, S. 115).

Dennoch sollten künftige Mixed-Methods-Studien prüfen, inwieweit qualitative Samples stärker diversifiziert werden können, um Mustervergleichbarkeit zu erhöhen. Zudem bleibt unklar, in welchem Ausmaß die interviewten Personen über besondere Reflexionsfähigkeit oder narrative Elaborationskompetenz verfügen; eine daraus resultierende Selektionsverzerrung aufgrund der freiwilligen Teilnahmebereitschaft kann deshalb ebenso nicht ausgeschlossen werden.

Schließlich sind auch konzeptuelle Limitationen zu berücksichtigen: Die Operationalisierung der Mensch-Hund-Bindung durch eine retrospektive Adaption der MDORS (in Anlehnung an Dwyer et al., 2006, S. 251) ist methodisch innovativ, jedoch in ihrer empirischen Fundierung begrenzt. Der Einsatz eines Instruments, das ursprünglich für aktuelle Mensch-Hund-Beziehungen im Erwachsenenalter konzipiert wurde, auf eine Kindheitsperspektive zu übertragen, könnte zu inhaltlichen Verzerrungen führen, da sich sowohl die kognitiven und sprachlichen Fähigkeiten als auch die Art der Bindungsgestaltung zwischen Kindheit und Erwachsenenalter deutlich unterscheiden. Zudem existieren bislang kaum validierte Instrumente zur retrospektiven Messung von Kind-Tier-Bindung, was die Vergleichbarkeit mit anderen Studien erschwert. Die Frage, ob retrospektive Bewertungen dieser Art die tatsächliche Beziehungsqualität im Kindesalter valide abbilden können, bleibt offen und bedarf zukünftiger konzeptueller und empirischer Klärung.

Zusammenfassend lässt sich festhalten, dass die vorliegenden Limitationen zwar die Aussagekraft einzelner Befunde einschränken, jedoch nicht den generellen Wert der Studie infrage stellen. Vielmehr zeigen sie die Komplexität empirischer Forschung zu tiergestützten Entwicklungsfaktoren, die sich weder vollständig standardisieren noch rein quantitativ erfassen lassen.

Gerade die Kombination quantitativer und qualitativer Methoden erwies sich als erkenntnisfördernd, auch wenn beide Zugänge jeweils spezifischen Begrenzungen unterliegen. Zukünftige Studien sollten an diese Punkte anknüpfen, methodisch robuster operieren und stärker auf longitudinale Designs sowie heterogenere Stichproben zurückgreifen, um ein differenzierteres Bild der Wirkmechanismen zu erhalten. Die hier aufgezeigten Begrenzungen sind dennoch nicht ausschließlich als methodische Schwächen zu betrachten, sondern zugleich Ansatzpunkte für konzeptionelle Innovationen in der Forschung zu Mensch-Tier-Beziehungen.

5.4 Praktische Implikationen

Auch wenn die vorliegenden Ergebnisse keine signifikanten Zusammenhänge zwischen der Kind-Hund-Beziehung und emotionaler Stabilität im Erwachsenenalter im statistischen Sinne nachweisen konnten, lassen sich aus den qualitativen und quantitativen Befunden dennoch einige praxisrelevante Überlegungen ableiten, insbesondere im Hinblick auf pädagogische, psychologische und familienbezogene Kontexte.

Zunächst bestätigt die Arbeit wie unter 5.2 Einordnung in die bestehende Forschung erwähnt, die fundamentale Rolle familiärer Stabilität für die langfristige emotionale Entwicklung (z. B. Bengel & Lyssenko, 2012, S. 86; Lohaus & Vierhaus, 2019, S. 124 f.; Saunders et al., 2015, S. 1069; Selman & Dilworth-Bart, 2024, S. 272). Daraus lässt sich die Implikation ableiten, dass Interventionen zur Förderung emotionaler Stabilität nicht nur auf das Kind selbst, sondern ebenso auf das familiäre Gesamtsystem abzielen sollten.

Dies betrifft etwa die Förderung von elterlicher Feinfühligkeit, den Aufbau stabiler Alltagsstrukturen und die Stärkung positiver Beziehungserfahrungen im häuslichen Umfeld. Insbesondere in der Erziehungsberatung und Präventionsarbeit könnten hier spezifische Programme zur Stärkung der familiären Kohärenz implementiert werden. Solche systemorientierten Ansätze entsprechen den Annahmen des ökologischen Entwicklungsmodells, das betont, dass Veränderungen auf der Mikroebene, wie in der Familie, langfristige Effekte auf die kindliche Entwicklung haben können (Bronfenbrenner & Morris, 1998, S. 820 f.).

Eine weitere praktische Implikation ergibt sich für den Bereich der pädagogischen und familienunterstützenden Arbeit: In Fällen, in denen Kinder mit emotionaler Einsamkeit, familiärer Instabilität oder geringer elterlicher Feinfühligkeit konfrontiert sind, könnten tiergestützte Interventionsformate eine ergänzende emotionale Stütze bieten. Insbesondere die qualitative Evidenz zeigt, dass Hunde, sofern sie als verlässlich, zugänglich und responsiv erlebt werden, emotionale Selbstregulationsprozesse fördern, Rückzugsmöglichkeiten eröffnen und als stille Zuhörer fungieren können. Dabei übernehmen sie nicht notwendigerweise elterliche Funktionen, sondern erweitern das emotionale Spektrum kindlicher Beziehungserfahrungen. Besonders bedeutsam erscheint in diesem Zusammenhang die Möglichkeit, Emotionen nonverbal und bedingungslos zu äußern. Dies kann in menschlichen Beziehungen teilweise durch normative Erwartungen begrenzt werden. Dieser Aspekt knüpft an Konzepte der Co-Regulation an, bei denen sichere Interaktionspartner, menschlich oder tierisch, emotionale Ausdrucks- und Regulationsmöglichkeiten eröffnen, ohne kognitive oder normative Filter zu aktivieren. Co-Regulation wird dabei als bidirektionaler, oszillierender Prozess emotionaler Abstimmung beschrieben, der zur Aufrechterhaltung eines optimalen emotionalen Zustands und zur Stabilität beider Partner beiträgt (Butler & Randall, 2013, S. 202).

Gleichzeitig legen die qualitativen Daten nahe, dass Hunde, insbesondere im mittleren Kindesalter, von vielen Teilnehmenden als emotional bedeutsame Beziehungspartner erlebt wurden. Auch wenn sich diese Wahrnehmungen nicht in den quantitativen Persönlichkeitsdaten widerspiegelten, zeigen sie doch, dass Tiere eine subjektiv erlebte Ressource darstellen können. Dies spricht für eine bewusste

Integration tiergestützter Aspekte in pädagogische und therapeutische Settings. So könnten etwa tiergestützte Angebote in der Kinder- und Jugendhilfe helfen, emotionale Kompetenzen wie Empathie, Selbstregulation oder Verantwortungsbewusstsein zu fördern, vorausgesetzt, sie werden sorgfältig eingebettet und durch qualifiziertes Fachpersonal begleitet.

Darüber hinaus verdeutlichen die Ergebnisse die Bedeutung von Beziehungserfahrungen in der Kindheit, unabhängig davon, ob es sich um zwischenmenschliche oder tierische Bindungen handelt. Die Möglichkeit, eine tragfähige Beziehung zu einem Hund aufzubauen, scheint für viele Kinder eine emotionale Ressource darzustellen, auch wenn sie sich nicht zwangsläufig auf langfristige Persönlichkeitsmerkmale wie Neurotizismus auswirkt. Dies könnte dafür sprechen, Kontakte zum Hund im pädagogischen Alltag nicht primär auf therapeutische Funktionen zu reduzieren, sondern als alltägliche Bindungsgelegenheiten zu verstehen, die Kindern Selbstwirksamkeit, Nähe und Geregelte Verantwortungsübernahme ermöglichen.

Auch für Elternbildung und familienbezogene Präventionsprogramme ergeben sich Hinweise: Eltern könnten für den möglichen emotionalen Mehrwert einer Kind-Hund-Beziehung sensibilisiert werden, ohne dabei die Verantwortung für das Tier zu unterschätzen oder unrealistische Erwartungen an die „heilende" Wirkung eines Hundes zu wecken. Vielmehr geht es darum, ein Bewusstsein dafür zu schaffen, dass stabile emotionale Beziehungen Entwicklungsressourcen darstellen. In diesem Sinne könnten hundehaltende Familien ermutigt werden, die Tierbeziehung aktiv zu begleiten, die emotionale Verfügbarkeit des Hundes als Thema in Familiengesprächen aufzugreifen und Kindern altersangemessene Verantwortung im Umgang mit dem Tier zu übertragen.

Darüber hinaus ergeben sich Implikationen für die Gestaltung tiergestützter Therapien und pädagogischer Settings: Die Daten legen nahe, dass die Wirkung einer Mensch-Hund-Beziehung stark kontext- und subjektabhängig ist. Daher sollten tiergestützte Interventionen stärker auf die biografischen Vorerfahrungen, Bedürfnisse und emotionalen Verarbeitungsmuster der Kinder abgestimmt werden. Eine rein standardisierte Anwendung tiergestützter Ansätze könnte dem individuell-emotionalen Charakter der Bindung zum Tier nicht gerecht werden. Hier zeigt sich die Notwendigkeit einer adaptiven Interventionsplanung, die Tierkontakt nicht als isoliertes Modul, sondern als Teil einer biografisch sensiblen Gesamtstrategie integriert. Es erscheint sinnvoll, partizipative, prozessorientierte und reflexive Ansätze zu fördern, in denen Kinder eigene Deutungsmuster entwickeln dürfen, etwa im Rahmen narrativer Arbeit oder biografischer Re-Interpretation ihrer Beziehung zum Tier.

Nicht zuletzt sollte auch bei der Tierhaltung selbst eine differenzierte Perspektive eingenommen werden. Die Arbeit legt nahe, dass nicht die bloße Anwesenheit eines Hundes, sondern vielmehr die Qualität der Beziehung entscheidend ist. Fachkräfte, etwa in der Familienberatung oder Gesundheitsprävention, sollten Eltern dabei unterstützen, realistische Erwartungen an die Tierhaltung zu entwickeln und gleichzeitig zu reflektieren, wie sie diese in die familiäre Beziehungskultur einbetten können. Der Hund als Familienmitglied ist kein Automatismus, sondern das Ergebnis einer emotional verantwortungsvollen Haltung im doppelten Sinne.

Schließlich sind auch implizite Effekte auf elterliche Strukturen zu bedenken. Wie die qualitativen Daten etwa im Fall 505 andeuten, kann die Verantwortung für ein Tier innerhalb einer Familie auch zur Strukturierung des familiären Alltags beitragen, mit möglicher positiver Rückwirkung auf die psychische Stabilität einzelner Familienmitglieder. Der Hund erscheint hier nicht nur als Begleiter des Kindes, sondern als sozial-regulativer Faktor im familiären System. Solche Prozesse sind bislang wenig erforscht, könnten aber bedeutsam für die Systemdiagnostik und familienorientierte Interventionen sein.

Insgesamt zeigen die vorliegenden Befunde, dass Mensch-Hund-Beziehungen ein relevantes Feld im Kontext emotionaler Entwicklung darstellen, jedoch differenziert betrachtet und eingebettet werden müssen. Eine pauschale Förderung durch Haustiere lässt sich nicht ableiten. Wohl aber belegen die Daten, dass unter bestimmten biografischen und emotional stabilisierenden Rahmenbedingungen Bindungserfahrungen mit Hunden einen wichtigen Beitrag zur kindlichen Entwicklung leisten können, als ergänzende, aber eher nicht ersetzende Ressource.

5.5 Ausblick

Die vorliegende Arbeit hat aufgezeigt, dass die emotionale Entwicklung im Erwachsenenalter in einem engen Zusammenhang mit der in der Kindheit erlebten familiären Stabilität steht, während sich die Rolle der Kind-Hund-Beziehung deutlich kontextabhängiger darstellt. Diese Befunde werfen nicht nur neue Fragen zur Differenzierung psychosozialer Schutzfaktoren auf, sondern verdeutlichen auch den Bedarf an vertiefender Forschung zu tiergestützten Einflussfaktoren in der kindlichen Entwicklung. Vor diesem Hintergrund lassen sich mehrere Perspektiven für zukünftige Forschung, Praxis und Theorieentwicklung ableiten.

Zunächst erscheint es lohnenswert, die hundgestützte Entwicklungsperspektive stärker in längsschnittliche Studiendesigns zu integrieren. Die retrospektive Auswertung, so erkenntnisreich sie insbesondere in qualitativer Hinsicht auch war, stößt methodisch an Grenzen, insbesondere wenn es um die kausale Erfassung von Entwicklungsverläufen und deren dynamische Wechselwirkungen geht.

Zukünftige Studien könnten daher prospektiv untersuchen, in welchen Entwicklungsphasen Hunde besonders wirksam als Bindungspartner oder emotionale Ressourcen fungieren und welche langfristigen Effekte sich daraus ergeben. Dabei sollten auch moderierende Variablen wie Bindungsstil, Temperament, psychische Vulnerabilität oder die Qualität der elterlichen Beziehung systematisch erfasst werden, um entsprechende Zusammenhänge differenzierter abzubilden.

Des Weiteren wäre es sinnvoll, die Mensch-Hund-Beziehung in ihrer funktionalen Viel-Schichtigkeit stärker in theoriebasierte Rahmenmodelle einzubetten. Die qualitative Analyse machte deutlich, dass Hunde je nach familiärer und emotionaler Konstellation sehr unterschiedliche Rollen einnehmen können: von einer emotionalen Ankerfigur über eine ergänzende Beziehungsperson bis hin zur neutralen Alltagserfahrung. Dies legt nahe, dass tierische Beziehungen nicht eindimensional als „protektiv" oder „nicht protektiv" klassifiziert werden können, sondern in ihrem entwicklungspsychologischen Nutzen relational, situativ und subjektiv verstanden werden müssen.

Diese Sichtweise knüpft an transaktionale Entwicklungsmodelle an, die betonen, dass Entwicklungsergebnisse aus der wechselseitigen Beeinflussung von Kind- und Umweltfaktoren entstehen, wozu in diesem Fall auch das Tier als relevanter Interaktionspartner zählt (in Anlehnung an Sameroff, 2009, S. 774). Eine solche Perspektive eröffnet auch die Möglichkeit, Tierbindung als intermediären Mechanismus innerhalb bestehen-der psychologischer Theorien, etwa der Bindungstheorie, der Selbstregulation oder der Resilienzforschung, zu modellieren.

Auch für die Praxis der tiergestützten Pädagogik und Therapie ergeben sich aus den Befunden wertvolle Hinweise. Insbesondere in pädagogischen oder klinischen Settings, in denen Kinder mit emotional belasteten familiären Hintergründen begleitet werden, könnten gezielte tiergestützte Interventionen eine stärkende Rolle einnehmen, vorausgesetzt, sie sind professionell geplant, gut begleitet und in bestehende Bindungs- und Förderkonzepte integriert. Die vorliegenden Ergebnisse deuten darauf hin, dass Hunde nicht automatisch „heilend" wirken, sondern dass ihr Einfluss maßgeblich von der Qualität der Beziehung und dem Kontext des kindlichen Erlebens abhängt. Künftige praxisorientierte Forschung sollte daher auch untersuchen, wie eine tragfähige, authentische Mensch-Tier-Beziehung aufgebaut und begleitet werden kann, ohne dabei anthropomorphisierende Erwartungen zu reproduzieren. Dies setzt voraus, dass Fachkräfte über entsprechende Grundlagen verfügen, um das Verhalten des Hundes korrekt einzuordnen und Überinterpretationen zu vermeiden.

Ein weiterer Forschungsbedarf ergibt sich im Hinblick auf die methodische Weiterentwicklung interdisziplinärer Mixed-Methods-Ansätze. Die integrative Auswertung qualitativer und quantitativer Daten hat in dieser Arbeit ein facettenreiches Bild kindlicher Entwicklung gezeichnet, das durch rein monomethodische Designs nicht in vergleichbarer Tiefe hätte entstehen können. Perspektivisch sollte daher die systematische Verknüpfung von subjektiven Erlebensmustern und statistisch messbaren Konstrukten weiterentwickelt werden, etwa durch den Einsatz von Mixed-Methods-Designs mit sequentieller Validierung, multimodaler Datenerhebung oder theoriegeleiteten Typenbildungen, die qualitative und quantitative Befunde stärker in Beziehung setzen. Insbesondere die qualitative Typenbildung hat sich als besonders anschlussfähig erwiesen, um nicht nur Einzelfälle, sondern auch differenzierte Muster psychosozialer Wirkung tierischer Beziehungen zu identifizieren. Dies könnte als Beitrag zur „methodologischen Triangulation" verstanden werden, bei der sich unterschiedliche Datenquellen wechselseitig validieren und ergänzen (in Anlehnung an Schreier et al., 2023, S. 237).

Abschließend lässt sich sagen, dass die Erforschung tiergestützter Wirkfaktoren im Kontext menschlicher Entwicklung weiterhin ein junges und methodisch herausforderndes, zugleich aber äußerst relevantes Forschungsfeld darstellt. Die vorliegende Arbeit liefert erste Bausteine für ein differenziertes Verständnis jener komplexen Dynamiken, die sich im Zusammenwirken von Familie, Tier und emotionaler Entwicklung entfalten können. Um dieses Potenzial voll auszuschöpfen, braucht es in Zukunft nicht nur empirisch fundierte, sondern auch theoretisch reflektierte, interdisziplinär orientierte und ethisch verantwortungsvolle Forschungsperspektiven. Die Frage, wie Tiere in biografischen Entwicklungsprozessen bedeutsam werden, bleibt damit ein Forschungsthema, das empirisch, theoretisch und ethisch gleichermaßen vertieft werden muss, um das Potenzial tiergestützter Einflussfaktoren evidenzbasiert einschätzen und nutzen zu können.

Fazit 6

Die vorliegende Masterarbeit widmete sich der Frage, ob das Aufwachsen mit einem Hund im mittleren Kindesalter in Zusammenhang mit emotionaler Instabilität im Erwachsenenalter steht und inwieweit dieser Zusammenhang durch die Qualität der Kind-Hund-Beziehung sowie durch die familiäre Stabilität moderiert wird. Dabei wurde ein Mixed-Methods-Ansatz gewählt, um sowohl statistische Zusammenhänge als auch subjektive Erfahrungen und Bedeutungszuschreibungen differenziert zu erfassen.

Im abschließenden Kapitel sollen die wichtigsten Erkenntnisse aus quantitativer und qualitativer Perspektive systematisch zusammengeführt werden. Auf dieser Grundlage erfolgt zunächst eine prägnante Zusammenfassung der Ergebnisse, gefolgt von einer reflektierten Beantwortung der Forschungsfrage. Abschließend werden Schlussgedanke zum Stellenwert emotionaler Bindungen über Artgrenzen hinweg formuliert sowie Implikationen für Forschung und Praxis abgeleitet.

6.1 Zusammenfassung der Erkenntnisse

Die vorliegende Masterarbeit verfolgte das Ziel, den Zusammenhang zwischen einer Hundehaltung im mittleren Kindesalter und der emotionalen Stabilität im Erwachsenenalter zu untersuchen. Besonderes Augenmerk lag dabei auf zwei potenziell moderierenden Faktoren: der retrospektiv erinnerten familiären Stabilität sowie der subjektiv bewerteten Qualität der emotionalen Bindung zum

A. C. Misral, *Der Zusammenhang zwischen dem Aufwachsen mit Hund und emotionaler Instabilität im Erwachsenenalter*, BestMasters,
https://doi.org/10.1007/978-3-658-50936-1_6

Hund. Mithilfe eines sequenziellen Mixed-Methods-Designs wurde ein umfassendes Bild gewonnen, das sowohl quantitative als auch qualitative Perspektiven miteinander verknüpft.

Die quantitativen Ergebnisse zeigen, dass eine hohe familiäre Stabilität in der Kindheit signifikant mit geringeren Ausprägungen von Neurotizismus im Erwachsenenalter assoziiert ist. Dieser Befund steht in enger Übereinstimmung mit etablierten entwicklungspsychologischen Theorien, insbesondere der Bindungstheorie, und unterstreicht die Bedeutung konsistenter, emotional verlässlicher familiärer Rahmenbedingungen für die langfristige Persönlichkeitsentwicklung. Dies deckt sich mit Konzepten der „developmental cascades", die beschreiben, wie frühe Bindungserfahrungen sich langfristig über verschiedene Entwicklungsebenen hinweg auswirken (Masten & Cicchetti, 2010, S. 491).

Demgegenüber konnten weder die Hundehaltung im Kindesalter noch die retrospektiv eingeschätzte Bindungsqualität zum Hund signifikant mit der Ausprägung von Neurotizismus in Verbindung gebracht werden. Ebenso konnten keine moderierenden Effekte festgestellt werden, die auf ein Zusammenspiel zwischen familiärer Stabilität, Hundebindung und emotionaler Entwicklung hindeuten. Dieser Befund spricht dafür, dass familiäre Rahmenbedingungen, zumindest in der hier untersuchten Stichprobe, in ihrer Schutzwirkung relativ unabhängig von tierischen Beziehungserfahrungen wirken.

Die qualitativen Ergebnisse ergänzen dieses Bild um eine tiefere, kontextuelle Perspektive. Anhand kontrastierender Fallanalysen wurde deutlich, dass die emotionale Bedeutung der Mensch-Hund-Beziehung stark variabel ist und sich je nach familiärer Ausgangslage und individueller Biografie unterschiedlich entfalten kann. Während einige Interviewpersonen ihren Hund retrospektiv als emotionale Stütze und bedeutende Bezugsperson beschrieben, insbesondere in Kontexten familiärer Instabilität oder Einsamkeit, spielten Hunde in anderen Fällen lediglich eine untergeordnete, eher alltagsbezogene Rolle. Diese individuellen Erzählungen verdeutlichen, dass die Relevanz tierischer Beziehungen stark vom subjektiven Kontext abhängt.

In der Gesamtschau der Erkenntnisse lässt sich festhalten: Familiäre Stabilität stellt einen robusten, theoretisch wie empirisch gut fundierten Einflussfaktor auf die emotionale Entwicklung dar, während die Rolle von Hunden als potenzielle Bindungspartner deutlich differenzierter, selektiver und kontextabhängiger zu bewerten ist. Die Ergeb-nisse sprechen somit gegen ein generalisiertes Wirkmodell tierischer Beziehungen im mittleren Kindesalter, betonen jedoch gleichzeitig das Potenzial einer solchen Beziehung in spezifischen biografischen Konstellationen. Durch die Verbindung standardisierter Erhebungsverfahren mit individuellen Fallnarrativen konnte ein differenziertes Verständnis entstehen, das sowohl robuste, theoretisch abgesicherte Zusammenhänge als auch biografisch spezifische Wirkweisen tierischer Beziehungen sichtbar macht.

6.2 Beantwortung der Forschungsfrage

Die Forschungsfrage dieser Arbeit lautete:

„Hängt das Aufwachsen mit einem Hund im mittleren Kindesalter mit emotionaler Instabilität im Erwachsenenalter zusammen und moderieren die Qualität der Mensch-Hund-Beziehung sowie die familiäre Stabilität in der Kindheit diesen Zusammenhang?"

Die Ergebnisse der quantitativen Analysen zeigen, dass die Forschungsfrage nicht bestätigt werden kann. Ein signifikanter Zusammenhang zwischen der Kindheit mit Hund und einem niedrigeren Neurotizismus im Erwachsenenalter ließ sich nicht nachweisen. Ebenso konnte keine moderierende Wirkung der retrospektiv eingeschätzten Hundebindung oder der familiären Stabilität auf diesen Zusammenhang festgestellt werden. Diese Befunde sprechen gegen eine generalisierbare protektive Funktion der Hundehaltung im Kindesalter hinsichtlich emotionaler Stabilität im späteren Lebensverlauf. Dies deckt sich mit aktuellen Befunden, wie jenen von Purewal et al. (2017), die zwar positive, aber inkonsistente Effekte tiergestützter Einflüsse auf die psychosoziale Entwicklung berichten und auf die Bedeutung kontextueller Faktoren hinweisen (Purewal et al., 2017, S. 1).

Die qualitative Analyse zeigt ein deutlich differenzierteres Bild, das die Ablehnung der Forschungsfrage relativiert. In den narrativen Fallbeschreibungen wurden Hunde mehrfach als bedeutende emotionale Bezugspersonen beschrieben, insbesondere in Konstellationen, in denen elterliche Verfügbarkeit oder emotionale Responsivität eingeschränkt waren. In diesen Fällen wurden Hunde als tröstende, strukturgebende oder sogar co-regulierende Instanzen erlebt. Dieses Muster stützt Annahmen aus der Bindungstheorie, wonach sekundäre Bindungsfiguren eine kompensatorische Rolle übernehmen können, wenn primäre Bindungsbeziehungen defizitär sind (z. B. Julius et al., 2014, S. 50; Longobardi et al., 2022, S. 7). Die emotionale Bedeutung des Tieres war stets durch subjektive Interpretationen und den jeweiligen familiären Kontext geprägt.

Vor diesem Hintergrund lässt sich die Forschungsfrage nicht eindeutig mit „ja" oder „nein" beantworten, sondern muss differenziert aus den Perspektiven beider Methodenzugänge betrachtet werden. Während die quantitative Analyse keine ausreichende Evidenz für einen systematischen Zusammenhang liefert, legt die qualitative Perspektive nahe, dass eine entwicklungspsychologisch relevante Wirkung der Beziehung zum Hund sehr wohl existieren kann, jedoch hoch kontextabhängig, biografiegebunden und individuell vermittelt.

Somit kann festgehalten werden: Das Aufwachsen mit einem Hund wirkt nicht per se schützend gegenüber emotionaler Instabilität. Es kann jedoch unter bestimmten Bedingungen eine bedeutsame Ressource im kindlichen Entwicklungsverlauf darstellen, insbesondere dort, wo menschliche Bindungsangebote brüchig oder begrenzt sind. Diese Erkenntnis unterstreicht die Notwendigkeit, tiergestützte Einflussfaktoren nicht monokausal zu betrachten, sondern stets in ihrer relationalen Einbettung, biografischen Kontextualisierung und subjektiven Deutung zu analysieren.

6.3 Schlussgedanken

Diese Arbeit widmete sich der Frage, ob das Aufwachsen mit einem Hund im mittleren Kindesalter langfristige Spuren in der emotionalen Entwicklung hinterlässt, insbesondere im Hinblick auf das Persönlichkeitsmerkmal Neurotizismus. Während die quantitativen Analysen keine signifikanten Zusammenhänge aufzeigen konnten, offenbarten die qualitativen Daten ein vielschichtiges Spektrum individueller Erlebnisse, Bedeutungszuschreibungen und biografischer Deutungen, die sich einer rein statistischen Erfassung entziehen.

Deutlich wurde: Emotionale Bindungen zu Tieren, insbesondere zu Hunden, können in der Kindheit eine tiefgreifende, mitunter lebensprägende Rolle einnehmen. Besonders eindrucksvoll war, wie viele Teilnehmende ihren Hund als emotionale Ressource beschrieben, als Trostspender in Zeiten familiärer Instabilität, als verlässlichen Zuhörer oder stille Konstante im Alltag. Solche Erzählungen zeigen, dass Hunde nicht lediglich Begleiter sind, sondern für Kinder als echte Beziehungspartner fungieren können, die emotionale Sicherheit und Zugehörigkeit vermitteln. Dieses Muster entspricht Annahmen der Bindungstheorie, nach denen stabile, responsiv erlebte Bindungspartner, unabhängig von ihrer Artzugehörigkeit, zur Entwicklung innerer Sicherheit beitragen können (z. B. Troutman, 2025, S. 8; Zilcha-Mano et al., 2011, S. 355 f.).

Diese Einsicht führt letztlich zu einer tiefergehenden Erkenntnis: kindliche Entwicklung verläuft nicht linear, ist multidimensional und nur begrenzt messbar. Sie besteht aus einem Zusammenspiel aus Beziehungen, Bedeutungszuschreibungen, inneren Repräsentationen und äußeren Lebensbedingungen. Tiere können Teil dieses Gefüges sein, manchmal als stille Zeugen, manchmal als emotionale

Stützen, manchmal auch ohne größere Bedeutung. Die wichtigste Lehre aus dieser Arbeit ist womöglich, dass genau diese Vielfalt berücksichtigt werden muss und nicht vorschnell in einfache Wirkannahmen überführt werden sollte.

Gleichzeitig muss emotionale Stabilität als Ergebnis komplexer Interaktionen verstanden werden. Familiäre Verlässlichkeit, sichere zwischenmenschliche Beziehungen, aber auch genetische Prädispositionen und soziale Kontexte wirken zusammen und prägen, wie widerstandsfähig oder vulnerabel Menschen im Erwachsenenalter auf Belastungen reagieren. In diesem Gefüge darf die Bedeutung tierischer Beziehungen weder überschätzt noch unterschlagen werden: Hunde können ein belastetes Familiensystem nicht ersetzen, wohl aber punktuell entlasten und emotionale Lücken schließen, wenn andere Bindungsangebote fehlen oder instabil sind.

Auch methodisch liefert die vorliegende Arbeit wichtige Erkenntnisse. Sie macht deutlich, wie gewinnbringend die Kombination quantitativer und qualitativer Ansätze im Rahmen eines Mixed-Methods-Designs sein kann. Während die quantitativen Verfahren strukturierte, vergleichbare Ergebnisse liefern, ermöglichen qualitative Zugänge einen tief-greifenden Blick auf subjektives Erleben, emotionale Sinngebung und biografische Einbettung. Gerade im Kontext von Mensch-Tier-Beziehungen, in denen persönliche Erfahrungen häufig emotional aufgeladen und individuell geprägt sind, erweist sich diese methodische Offenheit als besonders vielversprechend. Insbesondere die Kombination standardisierter Messungen mit narrativen Fallanalysen erwies sich als wirkungsvoll, um sowohl generalisierbare Muster als auch individuelle Bedeutungsnuancen sichtbar zu machen.

Zusammenfassend zeigt sich: Die Beziehung zwischen Mensch und Hund ist schwer zu quantifizieren, kann jedoch für viele Menschen eine prägende emotionale Bedeutung haben. Die Arbeit konnte erste Einblicke in dieses komplexe Beziehungsgeschehen liefern und es sowohl empirisch als auch theoretisch einordnen. Damit entsteht eine Grundlage für eine vertiefte psychologische Auseinandersetzung mit Bindungserfahrungen über die menschlichen Bezugssysteme hinaus. In der Schnittmenge zwischen Entwicklungspsychologie, Persönlichkeitspsychologie und Mensch-Tier-Interaktion liegt ein bislang unterschätztes Forschungspotenzial, dessen weitere Erforschung sowohl wissenschaftlich als auch gesellschaftlich lohnenswert erscheint.

Literaturverzeichnis

Ainsworth, M. S. (1979). Infant–mother attachment. *American Psychologist*(34, 10), 932–937. https://doi.org/10.1037/0003-066X.34.10.932

Aldao, A., Nolen-Hoeksema, S. & Schweizer, S. (2010). Emotionregulation strategies across psychopathology: A meta-analytic review. *Clinical Psychology Review*, *30*(2), 217–237. https://doi.org/10.1016/j.cpr.2009.11.004

Allen, K., Blascovich, J. & Mendes, W. B. (2002). Cardiovascular reactivity and the presence of pets, friends, and spouses: the truth about cats and dogs. *Psychosomatic medicine*, *64*(5), 727–739. https://doi.org/10.1097/01.psy.0000024236.11538.41

Asendorpf, J. (2018). *Persönlichkeit: was uns ausmacht und warum*. Springer. https://doi.org/10.1007/978-3-662-56106-5

Babad, S., Zwilling, A., Carson, K. W., Fairchild, V. & Nikulina, V. (2022). Childhood Environmental Instability and Social-Emotional Outcomes in Emerging Adults. *Journal of interpersonal violence*, *37*(7–8), NP3875-NP3904. https://doi.org/10.1177/0886260520948147

Barnow, S., Blitzner, E., Borm, I. M. & Sauer, C. (2024). *Emotionsregulation: Therapiemanual und Arbeitsbuch: Training zum flexibleren Umgang mit Gefühlen* (2. Auflage). *Psychotherapie*. Springer. https://doi.org/10.1007/978-3-662-68071-1

Barthassat, J. (2014). Positive and Negative Effects of Parental Conflicts on Children's Condition and Behaviour. *Journal of European Psychology Students*, *5*(1), 10–18. https://doi.org/10.5334/jeps.bm

Beetz, A. (2013). Bindung und Emotionsregulationsstrategien bei Jugendlichen mit und ohne emotionale Störungen und Verhaltensauffälligkeiten. *Empirische Sonderpädagogik*, *5*. https://doi.org/10.25656/01:8914 (Empirische Sonderpädagogik 5 (2013) 2, S. 144–159).

Beetz, A., Uvnäs-Moberg, K., Julius, H & Kotrschal, K. (2012). Psychosocial and psychophysiological effects of human-animal interactions: the possible role of oxytocin. *Frontiers in psychology*, *3*, 234. https://doi.org/10.3389/fpsyg.2012.00234

Belsky, J. & Pluess, M. (2009). Beyond diathesis stress: differential susceptibility to environmental influences. *Psychological bulletin*, *135*(6), 885–908. https://doi.org/10.1037/a0017376

A. C. Misral, *Der Zusammenhang zwischen dem Aufwachsen mit Hund und emotionaler Instabilität im Erwachsenenalter*, BestMasters,
https://doi.org/10.1007/978-3-658-50936-1

Bengel, J. & Lyssenko, L. (2012). *Resilienz und psychologische Schutzfaktoren im Erwachsenenalter* (Forschung und Praxis der Gesundheitsförderung Band 43). Bundeszentrale für gesundheitliche Aufklärung. https://doi.org/10.4126/38m-005111600

Bodenmann, G. (2016). *Lehrbuch Klinische Paar- und Familienpsychologie* (2., überarbeitete Auflage). Hogrefe. https://doi.org/10.1024/85620-000

Bowlby, J. (1958). The nature of the child's tie to his mother. *The International Journal of Psychoanalysis*(39), 350–373.

Bronfenbrenner, U. & Morris, P. A. (1998). The Bioecological Model of Human Development. In W. Damon & R. M. Lerner (Hrsg.), *Handbook of child psychology.* Wiley. https://doi.org/10.1002/9780470147658.chpsy0114

Burzan, N. & Hitzler, R. (2017). *Auf den Hund gekommen: Interdisziplinäre Annäherung an ein Verhältnis. Erlebniswelten.* Springer VS. https://doi.org/10.1007/978-3-658-13740-3

Butler, E. A. & Randall, A. K. (2013). Emotional Coregulation in Close Relationships. *Emotion Review*, *5*(2), 202–210. https://doi.org/10.1177/1754073912451630

Caspi, A. (2000). The child is father of the man: personality continuities from childhood to adulthood. *Journal of personality and social psychology*, *78*(1), 158–172. https://doi.org/10.1037//0022-3514.78.1.158

Charmaraman, L., Kiel, E., Richer, A. M., Gramajo, A. & Mueller, M. K. (2022). Associations between Pet Care Responsibility, Companion Animal Interactions, and Family Relationships during COVID-19. *Animals : an open access journal from MDPI*, *12*(23). https://doi.org/10.3390/ani12233274

Collins, W. A. (Hrsg.). (1984). *Development during middle childhood: The years from six to twelve.* National Academy Press. https://doi.org/10.17226/56

Compitus, K. (2023). *Die Mensch-Tier-Bindung in der Praxis der klinischen Sozialarbeit* (1st ed. 2023). Springer International Publishing; Imprint Springer. https://doi.org/10.1007/978-3-031-41937-9

Conway, M. A. & Pleydell-Pearce, C. W. (2000). The construction of autobiographical memories in the self-memory system. *Psychological review*, *107*(2), 261–288. https://doi.org/10.1037/0033-295x.107.2.261

Costa, P. T. & McCrae, R. R. (1992). Normal personality assessment in clinical practice: The NEO Personality Inventory. *Psychological Assessment*, *4*(1), 5–13. https://doi.org/10.1037/1040-3590.4.1.5

Costa, P. T. & McCrae, R. R. (2010). The Revised NEO Personality Inventory (NEO-PI-R). In G. Boyle, G. Matthews & D. Saklofske (Hrsg.), *The SAGE handbook of personality theory and assessment* (Repr, S. 179–198). SAGE. https://doi.org/10.4135/9781849200479.n9

DGPS & BDP. (2022). *Berufsethische Richtlinien: des Berufsverbandes Deutscher Psychologinnen und Psychologen e.V. und der Deutschen Gesellschaft für Psychologie e.V.* https://www.dgps.de/die-dgps/aufgaben-und-ziele/berufsethische-richtlinien/?utm_source (zuletzt aufgerufen am 22.07.2025)

Döring, N. (2023). *Forschungsmethoden und Evaluation in den Sozial- und Humanwissenschaften* (6., vollständig überarbeitete, aktualisierte und erweiterte Auflage). *Lehrbuch.* Springer. https://doi.org/10.1007/978-3-662-64762-2

Downes, M., Canty, M. J. & More, S. J. (2009). Demography of the pet dog and cat population on the island of Ireland and human factors influencing pet ownership. *Preventive veterinary medicine, 92*(1–2), 140–149. https://doi.org/10.1016/j.prevetmed.2009.07.005

Dwyer, F., Bennett, P. C. & Coleman, G. J. (2006). Development of the Monash Dog Owner Relationship Scale (MDORS). *Anthrozoös, 19*(3), 243–256. https://doi.org/10.2752/089279306785415592

Ebert, M. (2021). *Leadership ohne Leine: Was Führungskräfte von Hunden lernen können. Sachbuch.* Springer. https://doi.org/10.1007/978-3-658-33610-3

Eppel, A. (2023). *Psychodynamische Kurzzeit-Psychotherapie.* Springer. https://doi.org/10.1007/978-3-031-36648-2

Evangelische Notfallseelsorge. (o.J.). *Erste hilfe für die Seele: Notfallseelsorge der Kirchen in Deutschland.* https://notfallseelsorge.de/ (zuletzt aufgerufen am 22.07.2025)

Eysenck, H. J. (1953). *The structure of human personality.* Methuen.

Eysenck, H. J. (1967). The biological basis of personality, (100–117). Thomas.

Gadomski, A., Scribani, M. B., Tallman, N., Krupa, N., Jenkins, P. & Wissow, L. S. (2022). Impact of pet dog or cat exposure during childhood on mental illness during adolescence: a cohort study. *BMC pediatrics, 22*(1), 572. https://doi.org/10.1186/s12887-022-03636-0

Geist, T. S. (2011). Conceptual Framework for Animal Assisted Therapy. *Child and Adolescent Social Work Journal, 28*(3),243–256. https://doi.org/10.1007/s10560-011-0231-3

Giraudet, C. S. E., Liu, K., McElligott, A. G. & Cobb, M. (2022). Are children and dogs best friends? A scoping review to explore the positive and negative effects of child-dog interactions. *PeerJ, 10*, e14532. https://doi.org/10.7717/peerj.14532

Goldberg, L. R. (1990). An alternative "description of personality": the big-five factor structure. *Journal of personality and social psychology, 59*(6), 1216–1229. https://doi.org/10.1037//0022-3514.59.6.1216

Helfferich, C. (2011). *Die Qualität qualitativer Daten: Manual für die Durchführung qualitativer Interviews* (4. Auflage). VS Verlag für Sozialwissenschaften. https://doi.org/10.1007/978-3-531-92076-4

Hoffjann, O & Sandhu, S. (2024). *Schlüsselwerke für die Strategische Kommunikationsforschung.* Springer VS. https://doi.org/10.1007/978-3-658-45292-6

Hosokawa, R. & Katsura, T. (2017). Marital relationship, parenting practices, and social skills development in preschool children. *Child and adolescent psychiatry and mental health, 11*, 2. https://doi.org/10.1186/s13034-016-0139-y

Jackman, J. & Rowan, A. (2007). Free-roaming dogs in developing countries: The benefits of capture, neuter, and return programs. *In D.J. Salem & A.N. Rowan (Eds.) The state of the animals 2007*, 55–78.

Jenni, O. (2021). *Die kindliche Entwicklung verstehen: Praxiswissen über Phasen und Störungen.* Springer. https://doi.org/10.1007/978-3-662-62448-7

Jensen, U. (2019). *Forschungsdatenmanagement sozialwissenschaftlicher Umfragedaten: Grundlagen und praktische Lösungen für den Umgang mit quantitativen Forschungsdaten.* Verlag Barbara Budrich. https://doi.org/10.3224/84742233

Jeronimus, B. F., Kotov, R., Riese, H. & Ormel, J. (2016). Neuroticism's prospective association with mental disorders halves after adjustment for baseline symptoms and psychiatric history, but the adjusted association hardly decays with time: a meta-analysis on 59 longitudinal/prospective studies with 443 313 participants. *Psychological Medicine, 46*(14), 2883–2906. https://doi.org/10.1017/S0033291716001653

Julius, H., Beetz, A., Kotrschal, K., Turner, D. C. & Uvnäs-Moberg, K. (2014). *Bindung zu Tieren: Psychologische und neurobiologische Grundlagen tiergestützter Interventionen.* Hogrefe.

Karl, S., Boch, M., Zamansky, A., van der Linden, D., Wagner, I. C., Völter, C. J., Lamm, C. & Huber, L. (2020). Exploring the dog-human relationship by combining fMRI, eye-tracking and behavioural measures. *Scientific reports, 10*(1), 22273. https://doi.org/10.1038/s41598-020-79247-5

Kassenärztliche Bundesvereinigung. (2025). *Wir helfen, wenn Sie krank sind – rund um die Uhr*. https://www.116117.de/de/index.php (zuletzt aufgerufen am 22.07.2025)

Klingenberg, B., Guloksuz, S., Pries, L.-K., Cinar, O., Menne-Lothmann, C., Decoster, J., van Winkel, R., Collip, D., Delespaul, P., Hert, M. de, Derom, C., Thiery, E., Jacobs, N., Wichers, M., Lin, B. D., Luykx, J., van Os, J. & Rutten, B. P. F. (2023). Gene–environment interaction study on the polygenic risk score for neuroticism, childhood adversity, and parental bonding. *Personality Neuroscience, 6*. https://doi.org/10.1017/pen.2023.2

Körner, A., Geyer, M., Roth, M., Drapeau, M., Schmutzer, G., Albani, C., Schumann, S. & Brähler, E. (2008). Persönlichkeitsdiagnostik mit dem NEO-Fünf-Faktoren-Inventar: Die 30-Item-Kurzversion (NEO-FFI-30) [Personality assessment with the NEO-Five-Factor Inventory: the 30-Item-Short-Version (NEO-FFI-30)]. *Psychotherapie, Psychosomatik, medizinische Psychologie, 58*(6), 238–245. https://doi.org/10.1055/s-2007-986199

Kuckartz, U. (2010). *Einführung in die computergestützte Analyse qualitativer Daten* (3., aktualisierte Aufl.). *Lehrbuch.* VS Verlag für Sozialwissenschaften. https://doi.org/10.1007/978-3-531-92126-6

Kuckartz, U. (2014). *Mixed Methods: Methodologie, Forschungsdesigns und Analyseverfahren. Lehrbuch.* Springer VS. https://doi.org/10.1007/978-3-531-93267-5

Kuhn, H. P., Schuster, B. H. & Uhlendorff, H. (Hrsg.). (2005). *Der Mensch als soziales und personales Wesen: Bd. 21. Entwicklung in sozialen Beziehungen: Heranwachsende in ihrer Auseinandersetzung mit Familie, Freunden und Gesellschaft.* De Gruyter Oldenbourg.

Kullik, A. (2012). *Emotionsregulation im Kindesalter. Hogrefe eLibrary: Band 14.* Hogrefe. https://elibrary-hogrefe-com.emedien.ub.uni-muenchen.de/book/99.110005/978 3840924347 (zuletzt aufgerufen am 22.07.2025)

Löffler-Stastka, H., Parth, K., Lodermeier, F., Grassl, R. & Karwautz, A. (2014). Bindung und Beziehung – eine Analyse aktueller psychoanalytischer Forschungsansätze. *Psychotherapie Forum, 19*(2), 68–74. https://doi.org/10.1007/s00729-014-0016-1

Lohaus, A. & Vierhaus, M. (2019). *Entwicklungspsychologie des Kindes- und Jugendalters für Bachelor* (4. Aufl. 2019). *Springer-Lehrbuch.* Springer Berlin Heidelberg. https://doi.org/10.1007/978-3-662-59192-5

Longobardi, C., Badenes-Ribera, L., Prino, L. & Fabris, M. A. (2022). Children pet ownership: Attachment to parents and psychological adjustment. *Journal of Psychological and Educational Research*(30(1), 7–22.

Lyons-Ruth, K. & Spielman, E. (2004). DISORGANIZED INFANT ATTACHMENT STRATEGIES AND HELPLESS-FEARFUL PROFILES OF PARENTING: INTEGRATING ATTACHMENT RESEARCH WITH CLINICAL INTERVENTION. *Infant mental health journal, 25*(4), 318–335. https://doi.org/10.1002/imhj.20008

Masten, A. S. (2001). Ordinary magic. Resilience processes in development. *The American psychologist, 56*(3), 227–238. https://doi.org/10.1037//0003-066x.56.3.227

Masten, A. S. & Cicchetti, D. (2010). Developmental cascades. *Development and psychopathology, 22*(3), 491–495. https://doi.org/10.1017/S0954579410000222

Mayring, P. (2022). *Qualitative Inhaltsanalyse: Grundlagen und Techniken* (13., überarbeitete Auflage). Beltz.

McConnell, A. R., Brown, C. M., Shoda, T. M., Stayton, L. E. & Martin, C. E. (2011). Friends with benefits: on the positive consequences of pet ownership. *Journal of personality and social psychology, 101*(6), 1239–1252. https://doi.org/10.1037/a0024506

Mehrotra, M., White, N., Foley, S. & Hughes, C. (2025). Sibling and pet relationships: links with adversity and adjustment in pre-adolescence. *Applied Developmental Science, 29*(3), 251–267. https://doi.org/10.1080/10888691.2024.2317727

Mey, G. & Mruck, K. (Hrsg.). (2010). *Handbuch Qualitative Forschung in der Psychologie* (1. Auflage). VS Verlag.

Mitchell, T. R., Thompson, L., Peterson, E. & Cronk, R. (1997). Temporal Adjustments in the Evaluation of Events: The "Rosy View". *Journal of experimental social psychology, 33*(4), 421–448. https://doi.org/10.1006/jesp.1997.1333

Nagasawa, M., Mitsui, S., En, S., Ohtani, N., Ohta, M., Sakuma, Y., Onaka, T., Mogi, K. & Kikusui, T. (2015). Social evolution. Oxytocingaze positive loop and the coevolution of human-dog bonds. *Science (New York, N.Y.), 348*(6232), 333–336. https://doi.org/10.1126/science.1261022

Neyer, F. J. & Asendorpf, J. (2024). *Psychologie der Persönlichkeit* (7., vollständig überarbeitete Auflage). *Lehrbuch.* Springer. https://doi.org/10.1007/978-3-662-67385-0

Nockemann, B. (2024). *Tiefenpsychologische Bindungsanalyse (TBA): Modell und Methode – für ärztliche und psychologische Psychotherapeuten. Psychotherapie.* Springer. https://doi.org/10.1007/978-3-662-68105-3

Norman, W. (1963). Toward an adequate taxonomy of personality attributes: Replicated factor structure in peer nomination personality ratings. *The Journal of Abnormal and Social Psychology*(66(6), 574–583.

Palmier-Claus, J., Golby, R., Stokes, L.-J., Saville, C. W. N., Velemis, K., Varese, F., Marwaha, S., Tyler, E. & Taylor, P. (2025). The relationship between childhood adversity and affective instability across psychiatric disorders: A meta-analysis. *Acta psychiatrica Scandinavica, 151*(1), 33–45. https://doi.org/10.1111/acps.13745

Payne, E., Bennett, P. C. & McGreevy, P. D. (2015). Current perspectives on attachment and bonding in the dog-human dyad. *Psychology research and behavior management, 8*, 71–79. https://doi.org/10.2147/PRBM.S74972

Petermann, F. & Wiedebusch, S. (2016). *Emotionale Kompetenz bei Kindern* (3., überarbeitete Auflage). *Klinische Kinderpsychologie: Band 7.* Hogrefe. https://doi.org/10.1026/02710-000

Petersen, M. W., Carstensen, T. B. W., Wellnitz, K. B., Ørnbøl, E., Frostholm, L., Dantoft, T. M., Jørgensen, T., Eplov, L. F. & Fink, P. (2024). Neuroticism, perceived stress, adverse life events and self-efficacy as predictors of the development of functional somatic disorders: longitudinal population-based study (DanFunD). *BJPsych open, 10*(1), e34. https://doi.org/10.1192/bjo.2023.644

Preacher, K. J. & Hayes, A. F. (2004). SPSS and SAS procedures for estimating indirect effects in simple mediation models. *Behavior research methods, instruments, & computers : a journal of the Psychonomic Society, Inc, 36*(4), 717–731. https://doi.org/10.3758/bf03206553

Purewal, R., Christley, R., Kordas, K., Joinson, C., Meints, K., Gee, N. & Westgarth, C. (2017). Companion Animals and Child/Adolescent Development: A Systematic Review of the Evidence. *International journal of environmental research and public health, 14*(3). https://doi.org/10.3390/ijerph14030234

Raad, B. de & Mlačić, B. (2015). Big Five Factor Model, Theory and Structure. In J. D. Wright (Hrsg.), *International encyclopedia of the social & behavioral sciences* (Second edition, S. 559–566). Elsevier. https://doi.org/10.1016/B978-0-08-097086-8.25066-6

Range, F. & Virányi, Z. (2014). Tracking the evolutionary origins of dog-human cooperation: the "Canine Cooperation Hypothesis". *Frontiers in psychology, 5*, 1582. https://doi.org/10.3389/fpsyg.2014.01582

Rauthmann, J. (2025). *Differentielle und Persönlichkeitspsychologie: Ein Überblick für Psychologiestudierende und -interessierte.* Springer. https://doi.org/10.1007/978-3-662-70139-3

Rehn, T., Beetz, A. & Keeling, L. J. (2017). Links between an Owner's Adult Attachment Style and the Support-Seeking Behavior of Their Dog. *Frontiers in psychology, 8*, 2059. https://doi.org/10.3389/fpsyg.2017.02059

Reich, G., Stasch, M., Walter, J. & Cierpka, M. (2024). *Handbuch der Familiendiagnostik* (4., vollständig überarbeitete Auflage). *Psychotherapie.* Springer. https://doi.org/10.1007/978-3-662-66879-5

Reinders, H. (2016). *Qualitative Interviews mit Jugendlichen führen: Ein Leitfaden* (3., durchgesehene und erweiterte Auflage). De Gruyter Oldenbourg. https://doi.org/10.1515/9783110469561

Ritschl, V., Weigl, R. & Stamm, T. (2023). *Wissenschaftliches Arbeiten und Schreiben: Verstehen, Anwenden, Nutzen für die Praxis* (2. Auflage). *Studium Pflege, Therapie, Gesundheit.* Springer. https://doi.org/10.1007/978-3-662-66501-5

Rosenek, N., Wake, S., Runton, R., Davies, A., Albaroudi, N., Pollen, A., Ellett, L. & Morriss, J. (2025). *The Relationship Between Childhood Trauma and Adult Neuroticism: A Systematic Review and Meta-Analysis.* https://doi.org/10.31234/osf.io/ba9y3_v1

Sameroff, A. (2009). *The transactional model of development: How children and contexts shape each other* (1. ed.). American Psychological Association. https://doi.org/10.1037/11877-000

Saunders, H., Kraus, A., Barone, L. & Biringen, Z. (2015). Emotional availability: theory, research, and intervention. *Frontiers in psychology, 6*, 1069. https://doi.org/10.3389/fpsyg.2015.01069

Schmidt-Atzert, L., Krumm, S. & Amelang, M. (Hrsg.). (2021). *Psychologische Diagnostik* (6., vollst. überarb. Aufl. 2021). Springer Berlin Heidelberg. https://doi.org/10.1007/978-3-662-61643-7

Schneewind, K. A. (1988). Die Familienklimaskalen (FKS). In M. Cierpka (Hrsg.), *Familiendiagnostik* (S. 232–255). Springer Berlin Heidelberg. https://doi.org/10.1007/978-3-642-72868-6_14

Schreier, M., Echterhoff, G., Bauer, J. F., Weydmann, N. & Hussy, W. (2023). *Forschungsmethoden in Psychologie und Sozialwissenschaften für Bachelor* (3., überarb. u. erg. Auflage). *Moremedia.* Springer. https://doi.org/10.1007/978-3-662-66673-9

Selman, S. B. & Dilworth-Bart, J. E. (2024). Routines and child development: A systematic review. *Journal of Family Theory & Review, 16*(2), 272–328. https://doi.org/10.1111/jftr.12549

Siegler, R. S., Saffran, J., Gershoff, E. T. & Eisenberg, N. (2021). *Entwicklungspsychologie im Kindes- und Jugendalter* (5. Auflage). *Moremedia.* Springer. https://doi.org/10.1007/978-3-662-62772-3

Slade, A., Holland, M. L., Ordway, M. R., Carlson, E. A [Elizabeth A.], Jeon, S., Close, N., Mayes, L. C. & Sadler, L. S. (2020). Minding the Baby®: Enhancing parental reflective functioning and infant attachment in an attachment-based, interdisciplinary home visiting program. *Development and psychopathology, 32*(1), 123–137. https://doi.org/10.1017/S0954579418001463

Sroufe, L. A, Egeland, B., Carlson, E. A [E. A.] & Collins, W. A. (2005). *The development of the person: The Minnesota study of risk and adaptation from birth to adulthood.* Guilford Publications.

Stratton, S. J. (2021). Population Research: Convenience Sampling Strategies. *Prehospital and Disaster Medicine.*, 36(4):373–374. https://doi.org/10.1017/S1049023X21000649

Strübing, J. (2013). *Qualitative Sozialforschung: Eine komprimierte Einführung für Studierende. Soziologie kompakt.* Oldenbourg. https://doi.org/10.1524/9783486717594

Szánthó, F., Miklósi, Á. & Kubinyi, E. (2017). Is your dog empathic? Developing a Dog Emotional Reactivity Survey. *PloS one, 12*(2), e0170397. https://doi.org/10.1371/journal.pone.0170397

Trinke, S. J. & Bartholomew, K. (1997). Hierarchies of Attachment Relationships in Young Adulthood. *Journal of Social and Personal Relationships, 14*(5), 603–625. https://doi.org/10.1177/0265407597145002

Troutman, B. (2025). *Bindungsorientierte Elternberatung* Springer. https://doi.org/10.1007/978-3-031-80177-8

Verhage, M. L., Schuengel, C., Madigan, S., Fearon, R. M. P., Oosterman, M., Cassibba, R., Bakermans-Kranenburg, M. J. & van IJzendoorn, M. H. (2016). Narrowing the transmission gap: A synthesis of three decades of research on intergenerational transmission of attachment. *Psychological bulletin, 142*(4), 337–366. https://doi.org/10.1037/bul0000038

Wagner, C., Grob, C. & Hediger, K. (2022). Specific and Non-specific Factors of Animal-Assisted Interventions Considered in Research: A Systematic Review. *Frontiers in psychology, 13*, 931347. https://doi.org/10.3389/fpsyg.2022.931347

Walz, A. L. (2016). Unabhängiger Risikofaktor „Neurotizismus“? *InFo Neurologie & Psychiatrie*(18), 11. https://doi.org/10.1007/s15005-016-1946-7

Wanser, S. H., Simpson, A. C., MacDonald, M. & Udell, M. A. R. (2020). Considering Family Dog Attachment Bonds: Do Dog-Parent Attachments Predict Dog-Child Attachment Outcomes in Animal-Assisted Interventions? *Frontiers in psychology, 11*, 566910. https://doi.org/10.3389/fpsyg.2020.566910

Westgarth, C., Pinchbeck, G. L., Bradshaw, J. W. S., Dawson, S., Gaskell, R. M. & Christley, R. M. (2007). Factors associated with dog ownership and contact with dogs in a UK community. *BMC veterinary research, 3*, 5. https://doi.org/10.1186/1746-6148-3-5

WMA. (2025). *Declaration of Helsinki – Ethical Principles for Medical Research Involving Human Participants.* https://www.wma.net/policies-post/wma-declaration-of-helsinki/ (zuletzt aufgerufen am 22.07.2025)

Wrzus, C. (2022). *Werden, wer ich bin: Psychologisches Wissen zur Persönlichkeitsentwicklung. Sachbuch.* Springer. https://doi.org/10.1007/978-3-662-65183-4

Zhao, Y., Huebner, E. S., Liu, W. & Tian, L. (2024). Longitudinal associations between childhood victimization and neuroticism from middle childhood to early adolescence. *Child abuse & neglect, 152*, 106797. https://doi.org/10.1016/j.chiabu.2024.106797

Zilcha-Mano, S., Mikulincer, M. & Shaver, P. R. (2011). An attachment perspective on human–pet relationships: Conceptualization and assessment of pet attachment orientations. *Journal of Research in Personality*, *45*(4), 345–357. https://doi.org/10.1016/j.jrp.2011.04.001

ZZF & IVH. (2025). *Heimtierpopulation in Deutschland 2024: Wie viele Hunde, Katzen, Kleinsäuger und Vögel leben in Deutschland?* https://www.zzf.de/marktdaten/heimtiere-in-deutschland.html (zuletzt aufgerufen am 28.05.2025)